"日常生活"视角下幼儿教师的学习机制研究（课题号 ZDGZ2019-03）成果
课题"日常生活"视角北京市名园长学习与生涯发展研究（课题号 YX2022-03）阶段性成果
幼儿教师学习与生涯发展研究中心成果
协同创新项目"基于乡土资源开发的幼儿园课程文化建设研究"成果

"日常生活"视角下对幼儿教师学习机制的研究

杨瑞芬 著

学苑出版社

图书在版编目（CIP）数据

"日常生活"视角下对幼儿教师学习机制的研究 / 杨瑞芬著. —北京：学苑出版社，2022.12
ISBN 978-7-5077-6584-7

Ⅰ.①日… Ⅱ.①杨… Ⅲ.①幼教人员—师资培养—研究 Ⅳ.① G615

中国版本图书馆 CIP 数据核字（2023）第 001567 号

责任编辑：	任彦霞
出版发行：	学苑出版社
社　　址：	北京市丰台区南方庄 2 号院 1 号楼
邮政编码：	100079
网　　址：	www.book001.com
电子信箱：	xueyuanpress@163.com
联系电话：	010-67601101（营销部）、010-67603091（总编室）
印　刷　厂：	北京建宏印刷有限公司
开本尺寸：	710 mm × 1000 mm　1/16
印　　张：	13.75
字　　数：	170 千字
版　　次：	2022 年 12 月第 1 版
印　　次：	2022 年 12 月第 1 次印刷
定　　价：	58.00 元

序 一

当下,人民群众对公平、优质教育的需求日益强烈,对教育均衡、协调发展提出了更高的要求,这成为教育改革与发展的立足点,不断驱动教育高质量发展,成为新时代教师发展的动力。

教育是以促进人的身心发展为根本目的的社会活动,为了促进人的身心发展,它就必须直面生命、关注生命,引导生命的生长和发展。高质量的幼儿教育,就是要满足幼儿生长和发展的需要,激活蕴藏在他们身上的发展基因,为他们未来的发展打下良好的基础;就是要满足和服务于人民对高质量幼儿教育的需求,持续提升人民群众的教育获得感、教育满足感和教育幸福感。为此,要增强幼儿教育服务创新的发展能力,在改革创新中推动其高质量发展,不断满足人民对美好生活的向往的需要。在读完杨瑞芬博士的这本专著之后,越发能够感受到这一点。

幼儿教育的高质量发展,与拥有一支高水平的幼儿教育师资队伍直接相关。高水平的幼儿教师要拥有与幼儿教育的工作性质和特点相一致的专业能力。每位幼儿教师都是在一天天的日常工作实践中展现出自己的专业能力和素质的,也是在这个过程中实现自身的专业发展的。深入剖析和研究他们的日常生活实践,能够揭示出他们专业生活的内在奥秘,进而助推他们的发展。

高质量的幼儿教育是以一支优秀的教师队伍为保障的。高质量的幼儿教育以促进幼儿的全面发展为落脚点,归根结底是促进幼儿的持续成长,而这有赖于优秀的幼儿教师,只有幼儿教师得到了充分的发展,教育的本质功能和育人的根本意义才能得到充分显现,也才能培养出更加优秀的人才。幼儿教育发展主旋律的变化给幼儿教师发展带来了诸多新的挑战,这是教师发展的内在逻辑的要求。优秀教师的培养是实现教育高质量发展的前提和基石,因此要依照教育高质量发展的需求创新教师培养方式,使他们成为推动教育高质量发展的主体。本书中所研究的春春、冬冬、夏夏、秋秋四位教师就是具有典型意义的新时代幼儿教师,他们在自己平凡的日常生活实践中,通过自身努力提升自己的教育感悟力和实践能力,将"传统文化所蕴含的仁爱之心、和而不同、自立立人、自达达人、天人合一等精神"转化为自身的实践。在这个过程中,她们不仅是幼儿的培养者,也是在通过自己的工作而不断彰显教育的本质功能,这就进一步揭示了幼儿教育是以促进生命生长为核心的社会活动。一位好的幼儿教师应该直接关注生命,关怀生命,支持生命生长,能够直接触摸生命并且予生命的生长以引导和充实的力量。

　　教师是实践工作者,在其日常的幼儿教育实践中,时刻需要运用自己的情感和智慧去应对每一个具体情境。实践智慧是支持教师工作的根本力量,而它的获得取决于亲身实践和教师自己的自我感悟与反思。优秀的幼儿教师是富有智慧和情感的教育者,具有迅速、灵活、正确地理解和处理幼儿园里所发生的各类事件的能力。幼儿生活丰富多彩,幼儿年龄特征决定了这一工作需要幼儿教师富有智慧地去应对;即刻的、情境中的、偶然性的和即兴发挥的机智是教师对孩子的关爱和自身智慧的表达,也是他们专业发展的内涵和方向。本书以此作为研究主题和主要内容,一方面表达了研究者自身的教育观,同时也有助于深入揭示幼儿教师专业生活的内涵,为他们的发展提供更好的支持。

　　幼儿教师的发展是以与自身工作同构的研究为保障的。随着高质量发展认识的深入人心,切实提高幼儿园办园质量成为共识。作为其中的核心内容，提升教学研究的水平、改进教学研究的策略与方法在幼儿园发展和教师成长中的价值和作用越来越受到各方面的重视，本书正是秉持这样的认识展开的研究。

在一般的意义上，日常生活是每个人时时身居其中、耳濡目染的客观事实，实在是再平凡不过了，但它之于人的存在与发展具有极为重要的意义，是每个人得以发展的所有营养的源泉。生活是流淌的，同时又是充满着疑难和问题的，变化性是其本质特征，每个人在生活的过程中时刻会遇到新的情境、新的疑难，需要他能积极应对，在这个过程中，只能以探究的方式应对生活。不过，正如日常生活批判理论所指出的，由于多方面的原因，人们对于自己天天存在于其中的生活又往往会处于视而不见的状态，致使生活中有价值的方面被忽视。针对这种情况，就需要正视日常生活，能够把隐含在生活中的积极能动的方面彰显出来。为此，要不断以批判性的目光审视日常教育实践。可是还要看到，日常教育实践固然蕴含着丰富的学术要素，但它并非是无可挑剔的，并不能成为教育实践的全部，也不能涵盖人成长的所有方式和途径，更不能成为衡量教育实践水平和效果的唯一尺度。要充分合理地发挥日常教育实践的价值，就需要用批判的目光检视日常教育实践，防止不经意的"沉沦"降低教育的卓越品格。基于这样的认识，本书对幼儿教师日常生活的结构做了划分，认为它由五个层面构成：一是幼儿教师的吃、穿、住、用、行，这既是她们生存的基础，也蕴藏幼儿教育的最重要的资源；二是幼儿教师的家庭生活；三是幼儿教师的公共生活；四是幼儿教师的职业生活；五是幼儿教师的生活品质。通过这样的划分，可以发现，日常生活其实并不简单，其中包含着丰富的内涵和复杂的层次，隐含着太多的秘密。如果我们能够深入地分析它，就能揭示出很多鲜为人知的信息。由于教育的社会性和幼儿特殊的年龄特征，幼儿教师的日常生活并不会比一般意义的日常生活简单，对其日常生活结构做出分析，能够帮助我们更加准确深入地了解她们的内在特征和专业发展的内涵。这也说明每位幼儿教师就是在她们各自真实的生活事件中增长才干、实现发展的，正如本书中所说的："幼儿教师需要在与幼儿共同的生活中敏锐地感知幼儿的各种本能力量，从而唤醒教师对人之本能力量的充分关注与尊重。"幼儿教师就是在与幼儿共同生活的过程中发现问题、帮助其成长的，以敏锐的目光和卓越的能力发现和捕捉生活中的问题，这是对幼儿教师专业能力的考验，该书在这方面做了深入的探讨，同时，也对研究者本人运用田野的方法进入现场做出了详细的描述。

高质量的幼儿教育研究是与幼儿园生活同构的，教师在幼儿园生活中的每一次表现、对幼儿园生活的每一个感悟等都是"研究"，都会在其与幼儿的交往过程中得到反映和表达，幼儿教师因此具有了持续终身发展的内涵。应当认识到，由于影响因素的复杂性和沟通交流机制的作用，在时间坐标上，每一位教师工作都是单向度的，始终面向未知，任何一个发生于幼儿园情境中的事件及其解决策略都无法被重复，决定了幼儿教师工作中充盈着不可计数的不确定性因素，具有多变性，这使幼儿教师的工作蕴含了创生的可能。为此，当幼儿教师秉承一定的教育理念，以积极行动者的姿态进入到特定的幼儿园情境中，以研究者的眼光审视已有的教育理论与保教工作中遇到的问题并以别具匠心的策略和方法去不断解决它们时，所展现出来的是具有独特价值的个人知识和专业意识、专业能力，这为他改善、优化自己的教学行为创造了条件。在这个意义上，可以这样说：凡是优秀的幼儿教师，在他的成长中必然有研究的支持，研究在幼儿教师工作中具有普遍的存在性。

研究方法、研究手段是基于研究的目的和对象做出选择的。如同本书所阐述的那样，追求宏伟叙事的理论或学术不是幼儿教师的工作内容，也不是幼儿教师科学的研究方式，属于他们的研究是要能够以生活化的方式对发生在自己身边的、与自己的教育教学工作密切相关的事件或现象予以必要的关注。这种关注不仅仅与本职工作的顺利推进息息相关,而且也为教师本人的成长提供了机会和条件。因此,一位希望获得发展的幼儿教师应当拥有教学研究的态度与能力,从教育实践入手,强化反思意识,在教育教学实践中提升其特有的"教学实践性知识"。

日常工作实践是幼儿教师专业发展的内容。教育是情境性的活动,教育方法的选择和使用不能囿于某种套路式既定的模式,而是要因情境而异。生活是生成教育意义的源头活水,生活的法则就是生活要以生活得更美好为导向,不拘泥于既有的套路模式,勇于开拓新生活。同时,生活的复杂性决定了教育活动的丰富多样性,无论在内容还是在形式上,生活的丰富性都是其他活动所不能比拟的。在生活的意义上,能够解决问题的方法就是好方法,它不会也不应该受到某种外在力量的支配,这才能保持教育活动方式的多样性和教育效果的可控性。这就意味着要以生活探究的方法选择教育方法。为此,要正视生活的丰富性为教育方法所提供的多种选择可能。把握了生活的变化性,就意味着要尊重生活的探究性。

生活的过程中始终充满各种偶然因素和突发事件,它是在问题的不断解决过程中显露出来的。既然如此,教育就不能是由某种"脚本"所规定了的活动,其本身须与生命活动同步,以探究为内在驱力。在这个意义上,教育与生活同构。在促进人发展的过程中,教育的方法和手段的选择与使用要具有灵活性,要摆脱种种外在于人的人为因素的束缚,服从于实践逻辑。本书把家庭生活、职业生活、公共生活置于广阔的、随时代变迁的社会生活的背景下,在四年的田野研究的周期中,搜集了田野日志301篇,细腻地讲述了四位幼儿教师的故事。在这些故事中,呈现了幼儿教师每天和幼儿沟通、交往的场景,说明日常教育实践是他们专业发展的最基本的途径,也是开展属于他们的教学研究的主要形式,它对幼儿教师的发展具有特殊重要的价值。通过这样的研究,得出了"四位教师日常生活中的成长是一个不断社会化的过程"的结论,在学理上证明了关注幼儿教师的日常教育实践,就是要把对教育的认识从技术理性的桎梏中转换到生活的立场上,在行动中弘扬教育的探究本性。

把教育研究的重心从理论转向日常教育实践是今天教育研究的重要价值取向。人非"本质先在"的存在物,在人的本质是"一切社会关系总和"的意义上,他的存在和发展本身就是在真实的时空条件下实现的,每个人本身就是一个不断实现中的存在者。人的存在的特性使得日常的教育实践活动不会囿于既有的规范和各种人为化的约束,适者生存和超越现实的本性使日常教育实践寓含着教育的睿智,能够为实现生活得更美好的理想提供对付复杂环境的清晰思路和审慎态度,使教育活动和人的成长成为充满阳光、生动活泼的过程。为此,在日常教育实践中形成反思的品格,关注并深刻反思日常教育实践,随时从中汲取丰富的智慧和情感要素并不断提升其品质是一位优秀幼儿教师的重要专业能力。

教育是社会行动,日常教育实践包含着丰富的社会关系内涵。在幼儿教师日常教育实践中,不经意、偶然性的事件层出不穷,这是反思的源泉,为触发幼儿教师的反思提供了条件和可能。通过反思,能够使幼儿教师的与幼儿沟通交往的能力和水平不断提高,对幼儿的保教方式不断改进。

关注反思,就必须充分认识缄默知识的价值,重视内隐认知之于反思的重要性。在教师的发展中,缄默知识发挥着极为重要的价值和作用。在应对复杂的生活问题的过程中,缄默知识在人的行动中扮演着基础性的支撑作用,它一方面丰富和支撑着人的内心,同时为其提供着可能的选项。它是幼儿教师对教育的把握和理解的综合反映,比显性知识更基本、更丰富,往往成为幼儿教师的灵感和创新的基础。缄默知识积淀得越丰富,行动就越自由。这种知识是在生活的过程中生成和构建起来的,生活是其全部的基础,如果离开了生活,缄默知识便无从谈起。

叙事是揭示幼儿教师内心的研究方式。近年来兴起的涉身认知理论认为，认知是一种高度涉身的、情境化的活动，甚至思维的存在应当首先被看作是行动的存在。教师是通过自身实践重构教学生活和自己的个人生活的。他不仅存在于教学活动中，而且实践性地改变着教学，进而改变着其自身。实践是教师知识的更新与发展的核心环节。本书全面深入地剖析教师个人的内心世界、澄清其自身内在的教学观。

每一位教师的工作是具体的、独特的、不可替代的，它所具有的复杂性是一般化理论所不能充分验证和诠释的。因此，幼儿教师对于幼儿园生活和幼儿成长的把握和理解是个别化的，生成并运用于某个特定的情境，由此形成的认识具有动态性，同时，这种知识也指导着幼儿教师的日常教育实践，对幼儿教师的发展具有真正意义。萨特认为，人类始终是一个说故事者，他总是活在他自身与他人的故事中并且总是透过这些故事来看一切的事物，同时以好像在不断地重新述说这些故事的方式生活下去。因此，叙事对幼儿教师的专业发展具有重要价值，也是幼儿教师开展研究的重要方式。

叙事重视普通人的日常"生活故事"和这些生活故事的内在的"情节"，其主要价值是以"故事叙说"的方式表达叙事者个人对生活和当下事件的解释和理解。幼儿教师的叙事似乎只是以关键时间、关键事件、关键人物的方式在讲述自己的故事，不直接对教育活动下定义，也不直接规定教育活动应该怎么做，但它却能够让倾听者从故事中去感悟如何把握幼儿内心世界以及如何面对一个个鲜活的小精灵。透过"故事叙说""问题外化"，叙述者创造着一种世界观、一种人生价值，其自身的价值观也得以澄清并可以从中寻找自信和认同，使其个人的行为方式变得更自主、更有动力。对幼儿教师来说，叙事是其自身幼儿教育实践乃至人生经历的真实记录和回顾，也是他自己对幼儿园生活中的具体事件原原本本的叙述。透过令人愉悦、能打动人的故事和隐喻，使幼儿教师能够正视自己的过去，重新找到应对教育活动中所遇到的问题或困惑的方法，形成继续努力、面向未来的深层动力。因此，幼儿教师叙事的过程实际上是他们自我内心的敞亮和价值观的澄清，也是他们个人的教育理念生成的过程。它既是解决自身工作中问题的重要策略和方法，同时也是生成幼儿教师实践智慧的重要途径。

在开展教学研究的过程中，要格外重视反思在其中的地位和作用，通过多种具有生活性的活动方式彰显反思对幼儿教师个人的专业成长、自身主体性和创造性提升的重要价值。这对于提升对其工作实践的合理性的认识、使反思成为幼儿教师生活和存在的方式具有不可替代性。幼儿教育固然是日常性的，但它蕴含着深刻而复杂的社会历史性，幼儿教师每天在自己工作中所遇到的问题往往与自己在生活中所遇到的难题同构，由此带来的困惑和不适应也具有相似性。要平衡它们之间的关系，就要通过反思搭建相互沟通的平台，由此也可以激活幼儿教师的内隐知识，进而改善她们的保教方式，使他们成为共同生活的行动者，在这一点上，本书做了很好的概括："幼儿教师首先面临的是幼儿园公共生活。幼儿园生活作为一种公共生活，主要是源于教育生活的基本原则——理解、指导、解放，为此教师、幼儿、家长三类主体间通过对话、协商、互动、生成来共同建设公共平台。其中，首要的是教师需要尊重幼儿的兴趣、需要，引导幼儿自由探索并充分表达，让幼儿置于公共生活之中去发现自己，看待自我在世界之中的位置，由此而启迪思考，孕育个人与他人和世界的积极联系。"在这个意义上，反思以探究和解决特定情境中的问题为基本点，是幼儿教师卓有成效地应对各种复杂的幼儿园生活情境、富有批判性地审视自己的保教行为并不断前溯其所依据的前提的所必需的专业能力，而不是一项技术性的行为方式，在不断地对其做出价值澄清的过程中，助推幼儿教师得以持续不断地改善自身行为方式而获得发展，进而使工作实践的合理性不断得到提升。

杨瑞芬博士在本科阶段学习的是学前教育专业，后来攻读教育学原理专业硕士学位，其间表现出了很强的理论兴趣。获得硕士学位后，又师从于吴明海教授，在吴教授的悉心指导下潜心钻研民族教育理论和方法，这一切都为她的发展奠定了很好的学理基础和专业基础。在我与她的交往中，深感她不仅学习刻苦用功，有很强的理论兴趣，而且善于思考，有想象力，特别是对于教育有很好的悟性。自入职北京教育学院后，她关注学前教育，尤其是关注幼儿教师的日常生活实践，在这个过程中，很好地把在研究生阶段掌握的教育理论知识、田野研究的策略和方法与幼儿教育相结合，逐步探索一条助推幼儿教师发展的新路子，本书正是她近年来在这个领域勇于探索、辛勤付出的成果。值该专著付梓出版之际，特作此序，是为贺，祝愿她在学术的道路上能够走得更远、飞得更高。

刘旭东

西北师范大学教育学院教授、博士生导师

2022 年 8 月 18 日

序 二

也许此刻，你正在读园长（或校长）布置的"必读书籍"，开学要交3000字的读书笔记。你非常烦躁，一个字也读不下去，不由得抱怨：这种"完成任务"式的学习，纯粹就是浪费时间。其实，很多老师和你有同样的想法。在这个"学习化社会"里，我们已经被一套"学习话语"所包围：学习是一种自然正当的事情，学习就是学书本知识，正式的学习就应该讲效果……这些话语的力量如此强大，以至于我们如果想要逃脱，就好像显得不符合终身学习时代的要求。

本书告诉我们：学习是生命生长的方式，然而在现代社会，学习被"异化"了。我们把学习窄化为对书本知识的学习，缩小了学习的范围，同时也缩小了生命真实的感受范围，这样，本来完整、平衡的生活被打破，变得单调而乏味。当阅读书籍成为标准的学习方式后，其他学习方式就被无意贬低甚至排除在外。阅读书籍和考核评价如果绑定在一起，学习便束缚了生命的发展空间。

怎样从这种异化的学习观中走出来呢？本书构建了一种日常生活视域中的学习观。作者并没有否认书本知识学习的价值，只是提出：对作为成人学习者的幼儿教师来说，日常生活中的学习是他们生活的内在需要。日常生活中的学习不仅可以帮助幼儿教师应对日常困顿，而且能赋予他们的生活以广度、深度和厚重度。在此过程中，学习的异化和生活的异化被克服，幼儿教师的生命得以丰富和完善。总之，幼儿教师日常生活中的学习自有其价值，应给予其生长的空间。

幼儿教师日常生活中学习的发生和发展有其自身机制。人不仅是"个人",同时还是关系性存在,在和他人、事物、环境打交道的过程中获得成长。幼儿教师的日常学习基于人与自然、人与人、人与自我共生的社会文化背景。学习的发生,是教师在日常实践中遭遇难题—探究解决—反思经验—形成缄默知识的过程。教师的成长,源于他们在横向的基本生活、家庭生活、职业生活、公共生活等空间中与不同的人进行交往对话,在纵向上则是传承和获取前人的生活智慧。这一横一纵所构建的学习网络,使得教师受到生活和文化的滋养,不断丰富完善,最终实现从"小我"到"大我"的转化。

与教师基于日常生活中学习的建构密不可分的是对异化的学习的批判。幼儿教师在日常生活中学习,但工业时代的日常生活却变得单一化、程式化、碎片化和无我化,生活和学习一同遭遇异化。就其主要原因来说,包括两个方面:一是幼儿园受到现代教育权力的规训,强大的控制机制使得促进教师个体生命成长的活动被大大压缩;二是学科普遍性知识获得支配地位,使得日常生活学习中获得的个人实践性知识失去了存在的正当性。既然倡导幼儿教师日常生活中学习的价值,就不得不批判教育中的权力规训和学科霸权对日常生活中教师学习的压制。

为了探究四位幼儿教师在日常生活中学习的复杂过程,本书采用了田野研究和教师生活史研究的方式。在四年多的田野研究中,作者收集到了丰富而鲜活的一手资料,从而使得学习历程的呈现充实而饱满。生活史关注个体整个的生活历程,通过对下层小人物或一线人员日常经历的探索来挖掘其行为的历史动因,正如埃沃·古德森所提出的观点:"个人的行为不仅受社会情境的制约,更是受历史经历的影响;不仅是社会建构的,更是历史生成的。"就书中的四位教师而言,她们在个体与组织层面的互动学习中实现了个人的成长，其成长历程各有其特点，具体内容请读者阅读正文。

　　杨瑞芬是我的同门师姐，她邀请我为其新书写序时，我非常惶恐，因为我的学术水平还不足以为人作序，作序的一般都是学界前辈大咖。但在略读书稿后，我说服自己接受了这个"任务"。首先，学缘背景让我更容易理解本书的理论基础和学术关切。其次，教师日常生活视域中的学习这个主题，相关研究仍然不多。最后，我的学术经历实际上有助于理解本书的研究取向。我喜欢质性研究，尝试做过个案研究，但不太成功；读博士时的研究计划涉及日常生活理论，但后来却转向思辨性的宏大叙事研究，这和生活史、田野研究等方法旨趣完全不同，正因这一阶段研究方法转向的经历，我更能在对比中感受本书"微小叙事"的力量。

　　接到邀请时，我正在读古德森的《课程与学校教育的政治学：历史的视角》一书，古德森恰好倡导生活史研究，这不能不说是一种巧合。在阅读这本书的过程中，我自己内心的某些东西又被激活，它使我意识到：仅仅依靠宏大叙事类的研究是无法理解教育变革的；对中国教育变革的研究，需要我们走进一线教师的生活，听他们讲述他们学习和成长的故事。《"日常生活"视角下对幼儿教师学习机制的研究》是个很好的开始，希望更多的学者能一起来研究日常生活视域的教师学习。

　　是为序！

王成军

江西师范大学教育学院副教授

2022 年 8 月 17 日

自　序

又是一年春花时，清晨入园，四季花开（化名）幼儿园带班的年轻教师大多行色匆匆，只有后勤教师和保健教师多了几分镇定和从容，这或许是因为她们的工作内容更程序化。而年轻教师则要在幼儿园层面的"春花节"游园活动中按照管理层的安排，在指定时间带领孩子们到固定摊位活动。在这样的情境中，古人春游应有的"诗情画意"、无限春光中的"闲情雅致"荡然无存。孩子们本应有的对一草一木、一花一世界的觉察与感受力被束缚于极度有限的规定动作中，这使教师为何"忙"、"忙"为何、如何"忙"的问题更加凸显。

带着这样一份缓解幼儿教师紧张情绪与压力的高期待，我们开始从哲学层面审视现代日常生活，并对其加以批评性的思考，希望揭示幼儿教师日常生活的基础性和重复性的同时，解放出其应有的创造力。这份创造力源于人的个性，富有创造力的个性的展示中包含人的理论态度、艺术精神、哲学品质、独特行动。富有创造力的日常生活不仅为教师的学习提供了广阔的空间和丰富的契机，更使教师在家庭生活、职业生活、公共生活和社会生活的相互融通中促成个体生活品质的进一步发展。

然而，我们只能在这样一条通往理想的日常生活之路上不断前行。为此，我们必须饱含对现代幼儿园中日日劳碌的教师生活的整体关注。"吃在一起、住在一起"的田野生活才能体察她们的心理世界，才能感受到现代科层组织中的她们所必须承受的种种力量；只有以生活历史法——用于研究主体对生存条件的利用（特别关注那些断裂和变形），对主体经历与社会经历的不可分割性进行理解和界定，理解主体性所彰显的日常生活中蕴含的社会结构，以及历史性的主体是如何在生活中与社会情境展开互动的①才有可能从个体的整个生活环境中揭示特定区域的文化样态、社会关系对个体成长的影响力，进而展现这些个体是如何在无意识中借助传统文化或是民间教育的力量形成鲜明的"心理自我"——区别于社会自我强调个体基于生活经历形成的自我认知与判断，逐步转化为专业自我——个体对专业知识与能力的自我认同和社会自我——个体对社会身份或角色的自我认同。

  本研究中的四位教师（春春、夏夏、秋秋、冬冬老师，皆为化名）实际上提供了个体与组织的四种互动机制。春春老师（春春、夏夏、秋秋、冬冬四位老师名字由来请见前言）不断与自己展开心灵的对话，探寻充满力量的童心世界，给整个世界以"辩证"的眼光，她看到了人生中作为固定存在而绕不开的东西，努力用"柔软"去包容这些东西时，也发挥了它们所蕴含的价值②。她经历了从心理自我到专业自我、社会自我的顺利转型。冬冬老师则用专业精神与审美品质来与儿童的心灵世界建立关联。"用易于感受的方式，不但诉之于理智，而且诉之于最普通的人的感官与感情。艺术就有这样一个特点，艺术是'又高级又通俗'的东西，把最高级的内容传达给大众。"③当出自教师和幼儿合作之手的精致艺术作品被幼儿带回家，父子或母子之间的情感得到艺术化的展现④，"大众"⑤便从中得到了教化的力量。她经历了从社会自我、专业自我到心理自我的转型以及三者之间的平衡运转。夏夏老师外

---

  ① 徐改.成功职业女性的生涯发展与性别建构［M］.上海：上海社会科学院出版社,2008：4.
  ② 来自 2021 年 11 月与方麟教授对话所受的启发。"绕不开的东西"特指受时代和教育发展所限的"潜规则"。
  ③ 贺苗.非日常思维向日常思维转化机制探讨［J］.学术交流,2014（5）.
  ④ 这样的"艺术化展现"源于幼儿在艺术品中对母爱或父爱的独特感受与表达。
  ⑤ "大众"指的是一个幼儿所牵联的整个家族。此处强调了幼儿教师通过对幼儿整个家庭的影响而发挥身为知识分子的"教化"或引领的力量。

柔内刚，使得她在包容、和善、亲切地面对他人时展现出"文学"气质，她所开展活动的文艺之美无疑也是对抗异化的日常生活的一种力量。这里呈现的是从社会自我、专业自我向心理自我逐渐过渡的机制。秋秋老师用积极沟通与"提炼关键词"的表达方式向身边的世界敞开自己，这样一种开放的心态和挑战自己的勇气使她打破了固有界限，这实际上也是敞开日常生活之门，使新生力量不断融入其中，进而克服其局限性。她对社会自我的关怀使她赢得了专业自我和心理自我。每个人都有不同的人生，而人在观照自我、完善自我的过程中用独有的方式与世界交融时，必定会产生打破常规的力量，显现细微之处的独创性。

自我的形成、从"小我"到"大我"的转变既有赖于生活世界中的个体行动，也与传统文化所蕴含的仁爱之心、和而不同、自立立人、自达达人、天人合一等精神滋养密切相关。承载这些精神的幼儿园必定是一个充满力量的教育空间，促使教师之间通过积极、主动地参与各项活动而建立各种关系，进而创建个性化的学习空间。这样，教师就可以把幼儿园生活中的教育空间和闲暇生活中的艺术创造、哲学审思的生命空间相互交织在一起，进而追求教育生命的超越性。

愿中国大地上有更多的幼儿教师拥有这样的双重生命空间，愿承载有中国文化精神的"四季"陪伴我们的教师和幼儿，以自然、从容、超然的状态使生命中的每一天充满情趣与诗意。愿更多的幼儿园助力于教师幸福生活的获得和个性品质的发展，为教师和幼儿提供更多个性化的共处空间与时间，让教育的美妙与神奇在其中悄然发生。

杨瑞芬

2022 年 7 月 1 日

前　言

　　本书是在科研课题"'日常生活'视角下幼儿教师的学习机制"和协同创新项目"基于乡土资源开发的幼儿园课程文化建设研究——以四季活动为例"的基础上完成的。协同创新项目是以"创新、协调、开放、绿色、共享"为发展理念，以教师的需求为出发点，采用行动研究方式，使高校师资力量不断嵌入幼儿园，以三年为一周期而开展的研修项目。借此，课题研究中有机会采用人类学的田野研究范式，长期深入幼儿教师的日常生活中而获知他们的真实生活样态。在田野研究过程中，幼儿园致力于探索二十四节气文化融入幼儿园主题活动的实践探索，因此成书时将幼儿园命名为四季幼儿园，并为研究对象分别起名为春春老师、夏夏老师、秋秋老师和冬冬老师。幼儿园园长以开放的心态为我的研究提供了极其便利的条件，教师积极热情地接受我的访谈，毫无保留地为我提供大量重要的文本资料，这使我在书斋的理论研究方向更加明确，研究基础也更坚实，并能够在理论与实践的不断对话中完成课题研究。特此感谢四季幼儿园的每一位老师，这份感谢也必将化为我今后持续努力的动力。

　　这本书主体部分的写作是在幼儿园完成的。那些时日能够深刻体会到幼儿教师爱与智慧的无私付出，这使写作过程带有极强的实践价值取向。一是想帮助幼儿教师建立融通家庭生活、职业生活、公共生活和社会生活的意识或观念。二是期待幼儿教师更有力地处理好个体和幼儿园内外不同组织之间的互动关系。三是特别希望这本书能够助力幼儿教师在行动研究中不断提升教学品质。为此，本书对章节安排和一手资料的选取、编码及分析过程做了面向实践者层面的设计。从章节安排来看，六章内容以幼儿教师日常生活中学习的应然状态如何，实然状态如何，应然状态和实然状态之差距的原因为何及如何改进的逻辑关系来呈现。第一章介绍了幼儿教师日常生活与学习的辩证关系，日常生活中学习发生、发展的过程与表现，这一章理论性较强。第二、三章中通过对田野研究过程的介绍及一手资料的初步分析，揭示幼儿教师日常生活中"去学习化"的深层原因，原因的分析借助了福柯的学科知识与权力的"规训"理论。第四、五章主要是对四位教师的生活历史进行叙事并分析，以此展示她们如何通过融通不同生活领域、价值导向的引领及行动研究中的努力学习而取得快速发展。这一部分选用的原始资料包括田野日志、经过编码后的生活历史法访谈资料、教师及幼儿园管理者提供的部分文本资料，借用这些资料对四位教师职业生活中个人和他人、组织关系的协调进行了重点讲述。这里的叙事写法有助于读者的自我解读和判断；分析则有助于展开作者和读者之间的对话和交流。第六章借用学习空间概念和中华民族传统文化精神，进一步分析四位教师如何通过不断建构和谐关系来拓展生活空间，如何通过心理自我、专业自我和社会自我的不断转化而从"小我"逐步走向"大我"。希望这一章的内容为幼儿教师改善日常生活中的学习提供借鉴和参考。

这本书是伴随与幼儿教师的朝夕相处完成的，由于对教师们生活历史的深度了解，看到他们的身影我便会想起他们在个人的求学、择业、婚姻生活、生育与养育子女中所经历的酸甜苦辣，以及由此而形成的个人生活哲学。每到这个时候，揭示他们学习与发展中的复杂性、深刻性与全面性的强烈愿望便不断浮现，这迫使我不得不借助教育哲学、社会心理学、教育人类学等多学科视野来进行探索，然而，不同学科有不同的逻辑和话语体系，这在一本书中的交叉使用往往使得理论性语言读来有些晦涩和生硬。为此，针对不同读者群体的需求而对重点阅读内容做一简要介绍。

首先，对于幼儿教师而言，建议略读第二、三章，重点读第四章和第五章。第二、三章有助于老师们确信日常生活对于学习的巨大价值，理解幼儿园作为现代社会生活中的基层组织单位，因时代和地域等发展所限而存在的阻碍个体学习的客观因素；第四章和第五章则使幼儿教师有机会在班级生活中了解四位教师如何从一名新手教师逐步成长为骨干教师或教育管理者，她们经历了什么，对经历和经验是如何反思的，在主题活动中是如何展开行动研究的，如何建立班级内外的各种和谐关系等；同时，可以深入理解教师成长中的顺境或逆境对职业生涯所产生的影响，以及教师们建立个人教育信念或思想的整个过程。其次，对于幼儿教育研究者而言，建议重点读第一、二、三、六章。这四章中基于日常生活批判理论、成人学习的前沿理论、行动理论等建立幼儿教师日常生活学习、幼儿园的学习空间等基本概念，同时也运用田野研究和生活历史法而展开对幼儿教师成长史的研究。理论和方法的运用尚不够成熟，只希望对未来的研究略有启发。再次，对于幼儿园管理者而言，建议重点阅读第二章的第三节、第六章。教师队伍的培养需要管理者帮助幼儿教师赢得生活各个领域的平衡与融通，并以中华民族的和合价值观来引领教师理解自己的各种角色，使教师有能力在幼儿园内、外建立良好关系，不断拓展学习空间。最后，对于幼儿教育培训者而言，这本书倡导嵌入幼儿园的行动研究式培训，这种方式可以使研究融于幼儿教师的日常生活，帮助幼儿园把教学研究和富有实践价值取向的科学研究有机整合。虽然，教学研究的旨趣在于帮助教师创设情境、把握情境、直接解决教学中的实际问题，进而把课程与教学推向更高的境界，而科学研究则重在系统性、规范性，比较间接地解决幼儿教师实践中的共性问题，但两者都源于教师面临的真问题，能够以观察法、访谈法、调查法等收集和分析典型个案的重要资料，需要学习与运用重要文献和理论基础、归纳和演绎的思维方法，更需要系统的探究及成果的推广、转化。然而，对于幼儿园教科研融合的理念以及方式的运用，这本书只是初步开始，相信已经有更多的幼儿教育培训研究者致力于不同角度的研究中。

我真诚希望借助这本书，能够与不同的读者有机会展开对话，在教育高质量的追求中共同探索幼儿教师学习、发展与培养的方式；更希望在各位专家、学者的宝贵建议中使探索更有力量，使幼儿园的实践研究及幼儿教师日常生活中的学习更深入、更能彰显生命的活力。

杨瑞芬
2022 年 8 月

目 录

绪论 /001

第一章 日常生活及幼儿教师日常生活中的学习 /021

第一节　日常生活的内涵、特征及其价值 /023
第二节　幼儿教师的日常生活 /029
第三节　幼儿教师日常生活中学习的发生与发展 /036

第二章 幼儿教师日常生活田野的"浸润"与"走出" /043

第一节　田野研究中的身份及资料收集 /045
第二节　田野研究资料及其初次分析的呈现 /052
第三节　田野研究点——四季花开幼儿园的日常生活与教师
　　　　学习概貌 /055

第三章 幼儿教师日常生活中的"去学习化"及其原因 /069

第一节　幼儿教师日常生活中"去学习化"的具体表现 /072
第二节　幼儿教师日常生活中"去学习化"的原因 /081

第四章　田野中春春老师的生活叙事　　/ 091

第一节　家庭与学校之间的互动　　/ 093

第二节　职业生活中的改变与超越　　/ 104

第三节　社会生活的丰富与深入理解　　/ 118

第五章　春春老师三位合作者的生活叙事　　/ 133

第一节　个性鲜明的冬冬老师　　/ 135

第二节　温暖有爱的夏夏老师　　/ 145

第三节　善于沟通的秋秋老师　　/ 153

第六章　幼儿教师日常生活中学习的融通与自我修行　　/ 165

第一节　生活领域间的融通：多重空间的转化　　/ 167

第二节　日常生活中的自我觉醒与自我修养　　/ 179

结语　　/ 188

参考文献　　/ 189

后记　　/ 194

绪 论

一、研究背景

随着国家二胎、三胎生育政策的调整及对高质量教育的追求，幼儿园教育到了加速发展的时期；同时，在这样一个变革的时代，幼儿园不断面临一系列新问题，诸如双减政策下的幼小衔接问题、家园共育问题等，因此，幼儿教师的学习与成长已然不是单纯教育领域内的问题，而是社会大问题，需要基于对当代社会状况和文化生态的审视来关注幼儿教师日常生活的各个领域。在一定的社会环境中，文化有地域性和发展态势的差异，为了透过文化的表层而直指问题的核心，研究对象逐步聚焦在某一区域的幼儿教师群体，进而深入解读教师在日常生活中的主体性。

（一）时代背景

虽然研究的初始目的是关怀幼儿教师的日常生活，但在理论研究进程中，逐步生成了对时代处境中整个人类群体的关注，其中也夹杂对自身处境的深度理解。互联网和各种人工智能不断发展并被用以日常生活的时代，人与人之间的联系显得既"疏远"又"紧密"，"疏远"是因为互联网技术和对工作效率的追求使人与人之间不需要"面对面"，"紧密"是因为作为有丰富情感需要的人类不仅仅是理性的化身，更加需要"操劳"背后精神家园的建立和人与人之间情感的联结。可以说，越是"繁忙"的生活，越需要有意义的"休闲"与交往。只是，似乎被无形的强制力推动的人因"繁忙"而无暇顾及生命的多种需要，于是使身体和心理肩负越来越重的责任，直至有一天因无法承受而影响身心健康，由此而显得无力、无助。

作为一个完整意义上的"现代人"，家庭生活、职业生活、公共生活、社会生活是一个整体，彼此之间相辅相成，因而使人的生活更加有意义。那么，到底是什么使"现代人"的生活支离破碎？是什么使现代社会中幼儿教师和幼儿的生活缺少童真和快乐？人本真意义上的快乐到底是什么？人为赢得真正的快乐和幸福应该做什么？幼儿教师如何赢得幸福而完满的生活？这些问题的提出始于关心幼儿教师的当下处境，落脚于幼儿教师美好生活的获得，中间面临一系列问题的解决。

首要的问题是全球化背景下的"现代性"问题。"现代性"伴随着生产力的发展和科学技术的"迅猛"发展之势，逐步渗透到日常生活的方方面面；"日常生活"却并没有因此而使人感到"舒适""惬意"，相反却生发出很多新的问题。首先，"消费"居于前所未有的位置，一日生活所需乃至节日的庆祝，"消费"压制了应有的文化气息，追求经济效益的"商业"气息笼罩了整个社会空间和个人生活空间。其次，碎片化认识取代了整体性认识。传统社会，从生产到消费是一个完整的社会再生产的发展过程，人在利用自然、改造自然的同时敬畏自然、保护自然，以求人与自然的相互依偎，每日的生活也根据"日出而作，日落而息"以及节气时令的规律而安顿，人通过面对面的口语交流而积极参与到整体性的生活中；现代社会，机器大生产使得劳动分工日益加剧，人被置于流水线上而不停地运转；有限的"有闲"时间又被手机互联网中的碎片化信息占据，"短暂的欢愉"替代了对整体幸福的追求。人从身体到思维所体验的是"支离破碎"，生活整体的意义消失。再次，宏大叙事对日常生活细枝末节的压制。社会在不断进步，随之而来的是运转的日益复杂性，然而，处于社会之中的个体生活总是始于细枝末节的琐碎性与丰富性，这必然造成"整齐划一"与"多样性"之间的矛盾，结果常常是后者的遁形。最后，全球化的普遍性追求降低了个体对日常生活的反思能力。

一直以来，西方中心论的残余认识以一种无意识行为体现在人们的日常生活中，惯用而不知。媒体、信息技术不加批判地宣传，使人在"视觉"和"听觉"的假象中失去思考的主动性。即使是最应该体现本土文化特点的领域也深受影响，对传统优秀文化的研究与转化，进而"以文化人"的力量远远不如短视追求"成绩"影响之广泛和深刻。这也波及幼儿教育领域。所以，幼儿教师的学习绝不仅仅是职前学校教育和职后继续教育的问题，是一个人如何面对"日常生活"的问题。

（二）理论背景

幼儿学习的特点在一定程度上决定了幼儿教师的职业特点和职业发展需求。建立尊重本土文化的学习理论，真正满足幼儿教师的职业需求，乃至幸福生活所需成为该研究的核心问题。教师学习既遵循心理发展的客观规律，同时也受特定社会文化背景的深刻影响。然而当前国内外呈现多种教师学习理论，而基于本土文化建构的教师学习理论尚显不足。根据我国幼儿教师日常生活不同领域的学习过程探索教师学习发生、发展的过程，运用田野研究法和生活历史法，在中国大地上，探索基于本土文化的教师学习理论显得必要且迫切。

（三）现实背景

当前，普通高校培养的幼儿教师、大量转岗教师、非专业教师入职后需要通过不断学习来提升自己的专业素养；然而，幼儿园紧张的工作节奏不能够为幼儿教师提供足够的时间和机会进行专业学习，工学矛盾成为幼儿教师学习中的重要问题；同时，因为教师培训水平的参差不齐和优质培训资源的有限性，教师的现实需求未必得以充分满足。在此背景下，重新理解幼儿教师的学习，拓展幼儿教师的学习空间，提升有限时间内的学习效果有助于改善幼儿教师的学习现状。

对幼儿而言，大自然、大社会中充满丰富的学习内容，与此相应，幼儿教师需要具备宽广的知识背景，以帮助幼儿解决各种疑问。由此看来，从幼儿教师生活的不同领域开展学习的研究不仅有助于激发教师的学习动机，丰富学习内容、学习路径及策略，更有助于重建幼儿教师的学习生态，促进学习主体在日常生活中展开与社会、文化的整体互动过程，不断提升学习能力和综合素养。

二、研究基础

（一）理论基础

1. 生活世界理论

胡塞尔本人并没有给予"生活世界"以明确的界定，但我们从他的思想中可以了解其内涵。"生活世界"不是原始的自然世界，而是人参与其中的世界；它不是主客体分离的科学世界，而是主客体和谐统一的世界；它不是文本化了的符号世界，而是生动鲜活的意义整体世界。从胡塞尔使用"生活世界"时的语境分析，它可以有三种含义。狭义的"生活世界"，指的是与通过理念化的方式产生的客观科学的世界相对应的日常的、知觉的给予的世界；作为特殊世界的"生活世界"，指的是不同职业的人们在不同的、各自的实践活动视域而形成各自特殊的生活世界；广义的"生活世界"，指的是相互统一的各个特殊的世界。

此后的研究者从不同角度丰富了生活世界的内涵。哈贝马斯将现象学中的"生活世界"引用到社会学理论中，更加丰富了这一概念的精神内涵，使之具有三重意蕴：以文化、社会和个性为内在结构；构成交往行动的背景和相互理解的信息库；具有内在结构的同时，还具有与客观世界、社会世界与主观世界相联系的外在功能，①这里指出了"生活世界"的具体特征。维特根

---

① 哈贝马斯.哈贝马斯精粹［M］.曹卫东选译，南京：南京大学出版社，2004：54.

斯坦提出与"生活世界"基本相同的范畴——"生活形式",指人在"人类自然史"所进行的各种活动,即现实的生活,"他对生活形式的回归实际上就是在寻找被实证主义所遗忘的人的世界和生活的世界"①,"寻找作为生活形式的语言就是寻找一个安宁的家"②。这便突出了"生活世界"在现实中的价值。海德格尔是存在主义的创始人,他把人的存在称为"此在","通过人的在世,特别是通过对人的日常共在的剖析,揭示现代日常生活世界的深刻的和全面的异化"③,这与前面"生活世界"的内涵有所不同,要旨却相同,就是使人回归到真实的生活状态。许茨认为我的日常生活世界绝不是我个人的世界,而从一开始就是一个主体间际的世界,是一个我与我的同伴共享的世界,是一个也由其他人经历和解释的世界,即对于我们所有人来说是一个共同的世界。日常生活世界作为意义结构和文化世界具有重要地位,日常生活世界从一开始就是意义的宇宙,这种意义结构来源于人类行动——我们自己的行动以及我们同伴的行动,当代人的行动和前辈的行动——并且一直是由人类行动规定的,正是这一点把文化领域和自然领域区别开来。如果我们不求助于产生一个文化客体的人类活动,那么,我们就无法理解这个文化客体。这些认识充分肯定了日常生活含有的丰富意义以及行动在日常生活中的价值。

2. 赫勒的日常生活批判理论

赫勒的日常生活批判理论对该研究有更加重要的意义。赫勒从社会变革的角度探讨日常生活。她继承了马克思关于生活和实践的观点,认为实践、生活是历史发展的起点,为了生活,人类首先需要衣食住行,并进行生产生活资料的活动,进而建立以家庭作为基础的社会关系并逐步拓展。因此,她

---

① 尚志英.寻找家园——多维视野中的维特根斯坦语言哲学[M].北京:人民出版社,1992:198.
② 尚志英.寻找家园——多维视野中的维特根斯坦语言哲学[M].北京:人民出版社,1992:204.
③ 衣俊卿.现代化与日常生活批判[M].北京:人民出版社,2005:306.

从个体与社会的关系出发将"日常生活"界定为"使社会再生产成为可能的个体再生产",强调了日常生活作为个体维度在社会历史中的基础地位。赫勒进一步对日常生活进行了剖析。一方面,"实用主义、可能性、模仿、类比、过分一般化、单一性事例的粗略处理"是日常生活的一般图式,日常生活具有重复性、自在性、经验性和实用性(这对个体既是必须的,又会阻碍其发展);另一方面,人可以通过态度的改变和特性、个性的统一来自觉选择和创造历史,使日常生活"为我们存在"。在赫勒看来,具有"个性"的人当是类本质的自觉的存在、是道德的个体;而仅仅作为生存基础的是人的特性;积极的日常生活的主体应该是"特性"和"个性"相统一的个体,塑造个体的个性是实现人的态度转变的关键。因此,日常生活是一个遵循习惯到超越习惯即守旧与超越的矛盾统一体,这正如马克思所指出的实践活动充满了人的主观能动性,是自由自觉的。值得强调的是赫勒对于工作与日常生活的关系进行了定位。她首先借用马克思提出的"类本质"和"对象化"概念把社会领域划分为"自在的类本质对象化""自为的类本质对象化","自在和自为的类本质对象化"处于中间地带,工作便处于这个中间地带,道德出现于所有领域,政治、法律、科学、艺术、哲学、文学等属于"自为的类本质对象化"领域。个体通过自觉地与"自为的类本质对象化"建立联系,可以更好地审视日用而不知的意识和规则,使类特性有机融入个性之中。赫勒呼吁个体积极主动参与日常生活,做一个正派的人——不仅能够辨别是非,而且能够做正确的公正的事情,并且能够担负起培养后代的责任;同时,保持批判和质疑精神,塑造日常知识的理论态度。借鉴这一理论,该研究强调个性、理论态度、艺术精神、哲学品质等对于改善日常生活中学习的重要价值,幼儿园主体与艺术、哲学、文学精神的结合是突破日常生活重复性的重要途径。

3.列斐伏尔的日常生活批判理论和空间理论

列斐伏尔在马克思的异化理论基础上进一步强调异化笼罩了整个的生活，即日常生活的全面异化。在他看来，日常生活具有平常性和重复性，涉及的是与每一个体的生存息息相关的具体的生存活动。每个人平凡而琐碎的日常生活，直接呈现于个体的活动和生活关系中，如劳动、消费方式、娱乐活动方式、婚姻、家庭、人际交往等等。日常生活既是个体生产和再生产的基础，也是社会关系生产和再生产的基础，日常生活的重要价值及其异化需要哲学的充分关注，即哲学和日常生活的结合、理论和实践的结合。这样有助于塑造个体充分发展的个性，既克服内部的分裂，如脑力劳动和体力劳动的分裂，又能在一定程度上克服社会层面的异化，如城市和乡村的分裂等，进而促成"总体的人"的生成，而总体的人被他视为最高的权力机关（列斐伏尔研究日常生活的早期阶段）。具体的办法是建立日常生活的清单和分析，揭示日常生活的基础性和丰富性、贫乏和丰饶，解放出作为日常生活内在组成部分的创造力。根据这一理论，幼儿教师要努力用哲学的眼光审视日常生活，推进理论与实践的互动。

在对异化的日常生活批判的晚期，列斐伏尔提出社会时间和社会空间。与社会时间相对的自然时间是有节奏的，是按日、按月计的定量的时间，而社会时间如同音乐中的节拍，提供了一种线性时间。许多节奏和循环都有自然起源，社会生活改变了这些自然的节奏和循环，与线性过程及系列姿势和行动交叉。社会空间是按照一般社会结构内某种特殊群体发展起来的一定模式（也就是生产方式）生产出来的空间。① 空间是辩证存在的，具有实践建构性、关系构成性、变化发展性与文化社会性等特征。这种空间的辩证法是在相互关联、同时发生的三个方面，即空间的实践、空间的表征与表征的空

---

① 列斐伏尔.日常生活批判（三）[M].叶齐茂，倪晓晖译，北京：社会科学文献出版社，2018：649.

间中体现出来的,通过这种辩证关系来把握"总体性"。空间既为人的存在提供了栖身之所,而人又借助自身的实践活动使得空间的意义逐渐丰盈。意义性的纳入使得空间成了与人自身的命运密切相关的存在。通过在日常渐进的社会进程中规划和运用具有差异性的时间与空间,去建构人的主体性,去改变个体的生活。这对幼儿园日常生活中自然节奏的回归和空间的不断拓展提供了重要思想依据。

4. 教育领域的空间理论

教育空间是建立在物理性、实践性空间的基础上的精神意义的空间。教育的空间性是通过社会实践主体的行动来显现自身的,是在教育实践的过程中通过空间与社会、个人的相互调适和相互作用而逐步显现其自身力量的,行动是其得以展现、外化与具体化的基本方式。教育对人的发展的作用是通过空间性来实现的,集中体现为它借助蕴含于不同空间中的丰富的知识和优秀的文化来影响人的精神成长。根据该理论,幼儿园教育的空间性是通过教师的不断学习来实现的,教师正是借助各种社会力量、个体和他人之间相互关系的建立等来显现该空间具有的独特力量,行动是幼儿教师学习的基本方式。

5. 当代成人学习理论对于改造日常生活的价值

幼儿教师的学习是成人学习。成人学习研究始于对成人生活实践的描述,20世纪以来产生了不同的理论路径,如强调智力发展的古典人文主义,主张参与社区建设的进步主义,持推动社会改革观点的激进主义等,这些理论都强调教育对成人学习与发展的重要作用;21世纪,借鉴社会学、心理学等学科的跨学科研究成果,成人学习研究更加关注对成人心理的社会视角的分析,并揭示其文化历史意义,注重学习的实践参与性;更有研究从技术和物质的视角理解工作场所中的学习,强调技术和物质(物质世界持续不断地具象化)与学习者的相互作用,这就凸显了成人学习的整体性,这一整体包括学习者的主体性、知识的生产与强化、人工制品的意义和流动性,而非获取并内化相关的概念、意义或者感受。① 这里的成人学习是基于多重网络互动的异质性集合,是复杂的不确定性的日常生活活动。② 这为幼儿教师的学习提供了心理—技术—社会分析机制,也强调了教师所创造的人工制品的独特价值。

成人学习发生在社会中,是社会生活的有机组成部分,成人学习活动是在与社会互动中不断建构而来的。社会是一个充满不确定和风险的域,是科学、技术、人类等相互联结而成的,是一种共创共生的模式。③ 这里体现了社会形成的过程性。这一过程中的成人学习,一方面是在社会参与中不断解决工作或其余生活领域的问题,另一方面也是面临和处理社会新的问题,这是一个不断认识社会、改造社会进而自我提升的过程。个体的日常生活总是在与不同的社会群体交往,其中同事是主要的交往对象,因而场所成为学习的核心场所。工作一方面关系着国家、社会中的多个群体,另一方面联系着不同的个体,这使学习处于不断变化的网络中,多重网络为成人源于工作的学习提供了选择的空间,学习使空间不断拓展。该理论推动对幼儿教师学习的研究从幼儿园这一工作场所拓展到家庭、社区、私人关系所构建的公共生活中,这里凸显了教师学习路径的多样性和学习时空的不确定性。

6. 中华民族传统文化背景下的"生命空间"

在中华民族的文化传统中,日常生活中所具备的重复性、平常性常表现在行为规范和习惯中。我国自古以来便注重人的习惯的养成。朱熹在《小学》中主张儿童首先应学洒扫应对之事,《朱子家训》中提到"黎明即起,洒

---

① Femwick T, Edwards R. Actor-network theory in education [M]. Routledge, 2010: 21-53.
② 胡啸天. 重新理解学习:社会、技术与成人学习者 [J]. 远程教育杂志, 2017 (11).
③ 乌尔里希·贝克. 风险社会 [M]. 何博闻译, 南京:译林出版社, 2004: 58-102.

扫庭除，要内外整洁。既昏便息，关锁门户，必亲自检点"。与此同时，古代的文人墨客在日常生活中体现出超越性、豁达与超脱的态度，而这依赖于思想或精神的支撑力量，诸如哲学态度、文学表达、艺术鉴赏与创作等。他们一方面从儒家思想中汲取力量，积极进取，"天行健，君子以自强不息；地势坤，君子以厚德载物""士不可以不弘毅，任重而道远"；另一方面，从道家思想中学会进退、以柔弱胜刚强，获得生活的"自在"与旷达。正是在这两种思想的张力中，生命持有一定的张力，唐代诗人白居易、刘禹锡，宋代诗人苏东坡等，他们在人生的进与退中显现出生命的价值。古人的日常生活有鲜明的时间感（节奏）和空间感，这使他们获得一种区别于现代人的生活方式。他们在特定时间做特定的事，时令与节日赋予生活以特殊意义；他们在仕途不顺利时会在山水环绕的自然空间中安顿生活、修身养性、著书立说。[①] 由此看来，古代文人有双重的生命空间，以此追求生命的超越，而这里蕴含着日常生活的创造力和丰盈性所依存的重要力量。"这种力量通过语言文字而彰显：砥砺前行、久久为功、潜心立德等。"[②] 这样一种文化传统也应当是幼儿教师从自我出发，不断拓展学习空间的根本力量；而仁者爱人、天人合一等文化精神本身是教师基于日常生活而不断领悟与自我修养的根本所在，而这是成人学习的至高境界。

现代人的日常生活时间常常是直线性的，固定的时空安排使日常生活僵化，失去其应有的丰富性；忙碌的工作对家庭、闲暇的挤压，使人失去了精神释放的空间，紧张、压抑等造成了很多现代性的心理问题，深度影响人的身心健康。"单向人"或"单向组织机构"——生活单一的人总是以片面的思维方式面对丰富而具有整体意义的日常生活，不仅窄化了自己的生活，也把他人置于有限的时空内，日复一日，日常生活失去了其应有的丰富性和创造

[①] 2020年9月11日与方麟教授对话后的启示。
[②] 贺苗.非日常思维向日常思维转化机制探讨[J].学术交流，2014（5）.

力，而传统文化中道家精神强调的"道法自然"，顺应本性的生活或对自我的重新审视为"哲学式的沉思"进入日常生活提供了契机，也为学习的深层展开提供了空间。

（二）文献基础

1. 关于幼儿教师学习的已有研究述评

在中国知网上以"幼儿教师学习"为关键词搜索到 1 篇硕士学位论文，7 篇期刊论文。这些研究对幼儿教师学习的价值、概念、内容、形态以及质量的提升进行了初步的探索：提出幼儿教师学习可以提升幼儿教师在园本课程建设中的课程素养，是幼儿教师专业发展的主要途径；从知识管理理论视角提出幼儿教师的学习是教师个体（或群体）对所拥有的知识进行有目的的系统更新与优化的过程，而实践中的管理者、专家以及幼儿教师自身对学习有不同的期待（2012）①；从学习内容来看，提出了简笔画技能的学习；从学习形态上提出班本学习、实用性学习和审美化学习；吴振东通过行动研究对学习质量的提升进行初步探索，指出管理者需要建立学习保障制度、激励制度、考核制度，创设学习氛围，了解幼儿教师对学习的自我认识，也需要教师自身合理规划学习进程，创设学习条件等（2008）。

特别重要的是，陈鹤琴早在 20 世纪初已经明确提出幼儿教师学习的意义，学习需要具备"研究精神"和"相当的辅助"；当前，严碧芳对陈鹤琴幼儿教师学习思想进行了研究，概括出六大学习途径，即阅读专业文献、聆听专家讲座、参加短期培训、现场观摩、进行学术研讨和开展课题研究（2011）；另外，沈芳雁对幼儿教师学习现状和期待进行了研究，提出幼儿教师对于学习和工作关系的认识不足、对学习期待的误解、制度保障的缺乏以及现有培训者的能力不足等原因造成幼儿教师的学习动机、学习内容和形

---

① 括弧中的年份是文献发表的时间。

式、外部支持各方面与管理者和专家的期待有极大差异（2012）。

通过已有研究来看，当前对幼儿教师学习的研究只是初步探索，尚没有在心理学、文化学等跨学科视野下对幼儿教师学习的机制进行深入探索，也没有基于成人学习的前沿理论进行研究；研究方式和方法比较单一，尚未解决教师，特别是幼儿教师在工学矛盾的现实生活中所遇到的重要问题。

2. 关于不同生活领域中教师学习已有研究述评

根据日常生活领域的划分——家庭生活、职业生活、社会生活等，当前涉及教师家庭生活领域的研究体现到教师经验性学习的研究中，指出教师在家庭、社区等日常生活场景中可能获得多种教育经验，这种学习是教师学习的一种重要形式，包括自发和自觉的经验性学习。关于职业生活中的学习，有研究（2003）从学校组织变革和创新的视角提出生态取向的学习理论，尊重教师学习的生命化、自主性、适切性、互动性和多样化的特征；还有研究（2010）认为教师的教学行动与日常生活是密不可分的，并且与教师群体开展合作学习，构建共同愿景；也有研究（2010）提出现场式学习，即在工作场地创造一种学习环境，使参与者能够在他人的帮助中理解自己，寻求相关问题的答案，这是一种团队合作的学习形态；新近有研究指出工作坊研修中教师学习执行偏差与矫正，这种学习本意在于调动教师学会聚焦主题，学会指向问题，进而深度参与教学活动，促进教师将学习、研究与实践教学融为一体，然而由于缺乏教师个体元认知能力的提升、教师之间经验相互借鉴的深入促进和情感的关注，这一学习形式的价值并未充分彰显（2018）；还有研究指出在课程材料的互动中促进教师学习（2018）。从社会生活角度的研究提供了基于社会物质路径理解学习的新视角，这个研究强调的是社会、技术与成人学习者，尚未具体到教师学习者。关于教师整体生活品质的研究提出在成人理论视角下回归教师成人身份的教师学习，注重教师的自我概念和个体经验，强调教师要借助于学校、社区、社会等复杂系统的支持，调动自身的已有经验，使自我概念和个体经验发生持续的积极变化（2014）。

综上所述，从教师生活领域的角度研究教师学习粗略涉及家庭生活、学校生活、社会生活及各领域的综合方面；研究集中于学校生活即职业生活领域；这些研究多数借鉴了成人学习理论的已有研究成果，关注教师学习的理念、形态，但缺少对一线教师学习过程的深入研究，因而显得不够具体，实际应用价值不够突出；对于职业之外的生活领域中的学习探索极为缺乏，忽略了教师非正式学习、非正规学习的巨大价值。

3. 关于教师学习理论的已有研究述评

目前，关于教师学习的理论已有最新的综述研究，钟祖荣通过建立分类框架对目前已有研究进行述评，重点对社会文化学习理论、分布式认知理论、具身认知理论、质变学习理论的核心观点进行阐述（2019）。此外，也有关于批判视角下转化性学习理论的研究综述（2015）、国外教师学习研究领域的兴起与发展（2010）、教师作为学习者——教师学习研究的进展与趋势等综述性研究（2017）。基于理论的具体研究有教师身份建构路径的研究（2019）、教师社会建构学习理论的启示（2017）及不同理论的整合性研究等（2019）。与此同时，也有研究对教师学习何以可能（2015）、教师学习的概念（2016）及教师学习动机（2016）专门展开深入研究。

国外教师学习的研究与学习理论和成人学习理论的发展密切相关，主要体现为基于社会文化活动理论、系统思想、复杂思维和以学校变革为背景的教师学习研究模式的探索。

国内外关于教师学习理论的实践探索研究有芬兰"合作行动计划"教师学习模式，该模式有助于学习主体的多元化、教师身份的转变及教师经验的表达（2016）；还有北京市农村教师工作站实施模式的研究（2009）。

总体看来，当前对教师学习的已有研究中理论研究较多，主要探讨教师学习的内在机制和外部影响因素；借鉴国外学习理论偏多，缺少基于本土文化的学习理论研究；相比于理论研究而言，实证研究极少；已有研究集中于教师职业生活中学习的研究，忽略了教师在家庭生活和社会生活中的非正式、非正规学习的价值；粗略涉及对幼儿教师学习的研究，理论基础和研究方法单一，尚不能够解决幼儿教师在学习中面临的重要问题。

三、核心概念的界定

（一）日常生活

借用赫勒和列斐伏尔对日常生活的理解，研究中的"日常生活"是指个体在一定的社会、文化背景下所展开的生活，是个体再生产和社会再生产的基础；是人与人之间的意义世界和文化世界。其间既包含社会发展过程中逐步形成的吃、穿、住、用、行等具体生活形态，也包含为社会发展而进行的职业生活，是私人生活和公共生活的统一。现代社会以来，日常生活的窄化理解使得职业生活逐步被剥离出来；日常生活的异化，导致人的内在分裂，"时间和空间的性质被当作一种忽略掉的残余物"[①]。

日常生活有不同的划分方法，学者衣俊卿在研究中将之划分为消费生活、交往生活、观念生活；该研究中，根据教师的生活场域将之划分为吃、穿、住、用、行等家庭生活、职业生活、公共生活、社会生活及各个生活领域因彼此影响而形成的相互交融的生活空间。

（二）学习

研究中的学习特指作为成人的教师在审视日常生活的双重性基础上展开的学习。具有重复性、实用性的日常生活中蕴含着丰富的意义和创造价值，

---

① 列斐伏尔.日常生活批判（三）[M].叶齐茂，倪晓晖译，北京：社会科学文献出版社，2018：649.

个体以复杂的社会建构活动而使社会、文化和个体的日常生活间彼此互动，人与自然、人与人、人与自我共生的关系得以生成。这个过程以尊重个体无意识和有意识学习之间的互动关系为根本，使个体的行动从自在、自发逐步走向自觉，其根本价值在于教师生活整体性的回归以及教育、学习与生活的相互融通。另外，该研究以学习和发展或成长的互动关系为基础，因此，研究中的学习在一定意义上等同于成长。

（三）学习空间

空间，是学习发生的场所，也是学习情境的基本构成元素，是分析成人日常学习的一个隐性维度。成人日常学习空间具有弥散性的特质，即成人的日常学习活动并不局限于某一特定的场域，而是在不同的学习空间内进行的。该研究中，教师为了赢得美善的生活而不断提升实践品质，进而实现对学习空间的丰富和拓展，由此凸显出学习空间的多重性和意义的不断生成，教师的日常生活实践与国家宏大叙事的关系也蕴含于此。

四、研究思路和方法

（一）研究思路

该研究首要的是在对日常生活批判理论梳理的基础上全面理解日常生活的价值，进而分析日常生活与学习的应有关系。其次，借助理论分析和田野研究资料理解教师的日常生活，一方面是日常生活的异化及其表现形式和深层原因，另一方面是幼儿教师生活应有的丰富性，呈现教师个案及初步分析。再次，在田野点中以"选择合作伙伴、幼儿教师不同生活领域的体验与阶段性分析、田野日志的撰写与分析"为线索，借助生活历史法并以叙事的方式呈现四位教师的日常生活（重点是职业生活）。在对四位教师日常生活整体分析的基础上，探究她们在日常生活中学习动力形成的原因和个体主体性的具体彰显。最后，揭示中华民族传统文化对于克服日常生活的异化，拓展自我学习空间的巨大意义。

（二）研究方法

人是文化的载体。该研究关注日常生活中的人际互动，需要深入幼儿园及所处区域做田野研究，对当地人的生活做深度阐释，因而主要采用文献法、文本分析法、实物分析法、田野研究中的参与性观察法、深度访谈法及生活历史法。文献法用于理论研究及教师笔记等文本的整理与分析；个案分析法重在对具体情境的描述和分析解读；文本分析法是结合当地习俗、谚语等理解幼儿教师的生活场景及其所蕴含的教育意义；实物分析法是对幼儿教师生活中重要物品的解读与分析；生活历史法用于对幼儿教师的生活历史及其心理和社会文化背景进行深度理解。

（三）技术路线

技术路线见图1。

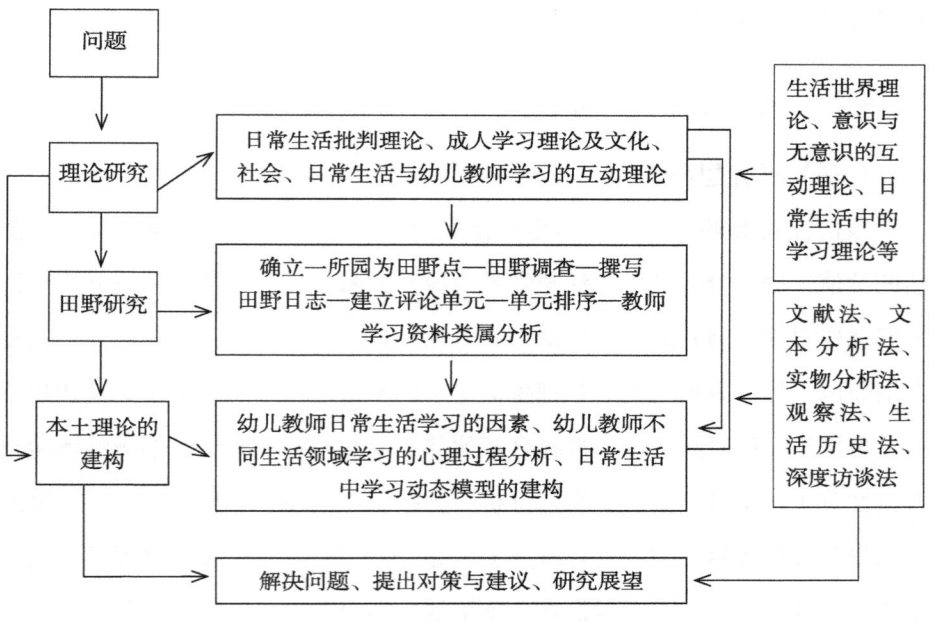

图1　研究技术路线图

(四)实施步骤

1. 理论研究阶段

2018年6月—2020年8月:通过文献梳理和已有理论工具分析日常生活与学习之间的互动关系,为整个研究建立恰切的理论依据。

2. 田野调查阶段

2019年9月—2021年10月:在北京选择一所幼儿园为田野点,持续四年时间的田野研究,撰写田野日志;通过生活历史法获得4~5位幼儿教师的口述资料。

3. 田野资料整理与分析阶段

2021年8—12月:借助生活世界理论和文化、社会与个体互动等理论分析田野日志,确定核心主题,归类整理而形成所选幼儿园教师学习的具有叙事结构的资料和文本;分析阶段,注重对园中教师日常生活的整体分析,从心理学和文化学角度进行解读。

4. 理论建构及对策建议的提出

2021年2月—2022年6月:借助人类学、社会学、心理学等学科深入探索日常生活中教师学习的影响因素、幼儿教师在不同的日常生活领域的心理过程,尝试解读现代幼儿园中教师学习应有的文化生态,揭示传统文化对促进教师自我的觉醒及个性力量的发挥所具有的价值。

五、研究过程更正说明

该研究持续四年时间,主要是因为田野资料获取周期长,理论学习和理解阶段较长,研究问题也在不断转化和聚焦。研究之初的问题是:日常生活理论对于研究幼儿教师的学习具有怎样的意义和价值,幼儿教师在日常生活各个领域的学习过程有什么异同,具体路径与方法有哪些,幼儿教师基于日常生活学习的动态发展模型是什么,对于幼儿教师解决工学矛盾问题有什么建议与对策。这些是从理论出发而又面临实际需求提出的具体问题，不是在研究过程中提出的实质性问题，尚未找到幼儿教师学习中面临的核心问题。

研究中，通过阶段性的分析田野资料发现：幼儿教师的婚育生活与职业生活既相互制约又相互促进，班级生活内部教师之间存在复杂关系；平行班之间有各种互动关系；幼儿园整体层面的导向与教师个体学习之间的关系复杂；教师个体在对制度的灵活理解与运用中展示出个性力量。个案的生活历史资料从整体上显现出：个体从纵向维度对自身的深刻理解有助于班级内建立有效的学习共同体，个体在复杂环境中所具有的主观能动性及学习的具体过程。为此，研究增加了个案的班级生活及其与园级生活互动的研究，以小见大来揭示幼儿教师日常生活中的学习过程；同时，借助福柯的权力规训思想，分析影响有效学习的原因，进而论证幼儿教师个体具有的哲学意味的理性审视与爱之情感对于促成日常生活学习的价值和意义。研究中增加的具体问题有：幼儿教师如何认识家庭生活和职业生活、班级生活和园级生活之间的关系；班级生活作为幼儿教师日常生活的主体部分，学习是否发生，如何发生；班级教师学习共同体在"主题活动设计与实施"中的合作关系是怎样体现的，经历了怎样的转变；班级与班级之外的力量发生怎样的互动关系，这些关系怎样促进或阻碍了班级内部的学习。这些问题的回答体现在对教师生活史资料的呈现、分析及解读中。

六、研究进程中的反思

研究过程是不断学习、思考以及和自己对话并坚定研究立场的过程。研究的视角是从文化的视角或是整体生活的视角来研究幼儿教师的学习，关注文化、社会与个体之间的互动关系，同时也充分重视学习者从无意识到有意识、自在到自发、自觉的心理过程。研究的初始目的是宏大的，即面对幼儿教师的工学矛盾问题，探索幼儿教师过上幸福生活的学习之路，其中的理论追求是构建吻合我国幼儿教师职业特点的本土学习理论；而在田野生活中，研究目的逐步转变为探索幼儿教师日常生活中"无奈"背后的深层因素；帮助幼儿园教师挖掘个体生活经历中独特的教育价值，以此来审视自己的教育观点和行为；与幼儿教师共同理解家庭和职业生活中从自在、自发到逐步自觉的学习过程，这实际上也是教师理解自我、追寻自我实现的过程，这使整个研究过程充满了传统文化中饱含的人文关怀精神；对日常生活的批判不断丰富了研究的理论根基。

研究的过程更是与幼儿园教师深层对话的过程。幼儿教师作为面向幼儿全面发展的幼教工作者，同时面临着结婚、培养孩子、操持家务、为幼儿成长服务等生活事项，如何通过反观自我的日常生活及蕴含在其中的学习，促进自己整体生活的平衡，追求生活的品质和幸福，这需要展开不同主体间的富有情感和思想的交流与探讨，在新时代的中国土地上进行富有文化特色的交流。

第一章

日常生活及幼儿教师日常生活中的学习

第一节　日常生活的内涵、特征及其价值

一、日常生活的"完整性"与异化

从一般意义上看，日常生活既是同个体生存直接相关，维持个体生存和再生的各种活动，也是同社会整体或人类的存在相关，维持社会再生产或人类的再生产的各种活动。哲学意义上的日常生活源于胡塞尔提出的"生活世界"，而被列斐伏尔首先提出来。在胡塞尔看来，生活世界是日常的、知觉的给予的世界，是人生的支持力量，是人生之"源"；与此相对应的是"科学世界"，即近代以来科技理性或工具理性所主导的世界。生活世界是科学世界的基础，人们应当关心隐蔽于各种理性知识及科学方法论中的人生的根本意义。生活本身具有不言自明的意义。面对科学世界对生活世界的挤压与主宰，列斐伏尔、赫勒、海德格尔等哲学家不断审视日常生活对人生的基础性价值及其异化，哈贝马斯提出交往理性来抵制工具理性对生活的侵蚀，许茨提出行动在日常生活中的重要意义。

历史视角的分析有助于理解日常生活的内在结构及其演变。人类产生之初，以原始自在的思维和自在的实践活动为基础，凭借各种关系，形成了原始初民的世界，即原始的日常生活。随着生产力的发展和社会的分工，特别是近代以来科学技术的发展，日常生活在取得进步的同时也被划分为不同的领域，"工作"被从生活中剥离，家庭在公共生活中逐渐隐退，社会的现代化伴随的是日常生活的支离破碎，"现代人"开始迷恋传统社会的"自然"和"质朴"。传统日常生活和现代日常生活有不同的内部结构，因而具有不同的

文化特质。传统日常生活具有整体性，但更多是以生存本能、血缘关系、天然情感为立根基础，通过家庭、道德、宗教为自发的调控系统；[①] 现代日常生活处于变革之中，商品经济条件下的深刻的社会重组斩断了天然的关系，科学、民主、技术等不断渗透到日常生活的各个方面，这一方面体现了日常生活的进步，另一方面却加剧了其内部分化与彼此之间边界的确立，如专业生活和非专业生活、公共生活和私人生活等，与此相伴随的实证科学力量和技术理性对整个世界的支配，极大地压制了人对生活价值和意义世界的理解，由此带来了日常生活的异化。对人的这种境况，西方哲学家一方面是对日常生活的批判，另一方面强调生活世界的回归与重建，但这里的生活世界不是传统的日常生活，而是充分体现主体间交往和行动，充满丰富意义的"生活世界"，是对日常生活整体性的回归，是重建人的精神家园。

二、日常生活的个体性和社会性

根据赫勒的观点，日常生活的实质意义是"使社会再生产成为可能的个体再生产"，而列斐伏尔更加鲜明地提出"日常生活是个体和社会双方生产和再生产的基础"，这其中蕴含着个体和社会之间的关系，表明个体的生存、发展是社会得以发展和进步的前提，反之，社会生活的繁荣也为个体生活得更完满提供保障。现代生活中，个体日常生活的各个领域都与社会发生着千丝万缕的关系；其中，职业生活表现得更加突出。"职业"作为个体谋生的手段，为满足吃、穿、住、用、行的生活所需的经济来源提供保障，同时，也在社会的有效运转中体现出个体的价值，个体生活因此而获得更丰富的内涵，进而通过自我社会价值的实现而达到精神生活品质的提升。这里的关键在于职业生活是否在持续进行中获得创造性。创造性一方面源于个体在

---

① 列斐伏尔.日常生活批判（三）[M].叶齐茂，倪晓晖译，北京：社会科学文献出版社，2018：54-94.

社会实践中积淀的优秀品质,另一方面源于日常生活各领域的平衡发展,由此而获得个体身心的和谐。创造性是个体在努力突破现代日常生活的异化中所做的努力。现代社会中个体各个生活领域因被学科知识及技术规训和制约而造成的异化,使各个生活领域彼此分离,身体和思想分离,生活的空间被切割,时间成为线性延长而丧失本应有的自然节奏,其最终结果是把日常生活的个体性和社会性相剥离,直至人作为个体的全部生活异化。富有创造性的职业生活才能使个体生活受限于社会现实条件的同时,又通过实践而丰富人与人的关系,进而在一定程度上克服社会中不利于个体成长的因素。为此,职业生活才被赫勒划分在"自在的类本质对象化"和"自为的类本质对象化"中间地带,"自在"和"自为"之间蕴含着个体"特性"和"个性"的统一,[①]特性是生存所需,而个性是个体创造性的表现,这正是日常生活个体性和社会性统一的重要桥梁。

三、日常生活与学习的辩证关系

对日常生活的充分理解有助于为个体的学习提供丰富的背景。重新审视日常生活与学习的应有之义对个体乃至社会的发展具有重要价值。

(一)学习:成人日常生活的必需

马克思主义学者杨贤江认为教育起源于生活的需要。在个体一生中,教育和自我教育总是相互伴随,其所占据的空间此消彼长[②]:特定机构的教育空间越来越小,自我教育即学习空间越来越大。个体在发展与进步中,生活所经历的空间不断拓展,社会关系逐步丰富,与此同时,个体的自我认识更加深刻,由此而促成了学习方向的明确及主动性的提升;生活是单行线,个体为了生活的顺利进行而在不经意间展开学习,因生活所需而学习,因此

---

① 李晶晶.赫勒人道主义的马克思主义思想研究[D].吉林大学,2021:23.具体解释详见6页.
② 2007年胡德海先生为研究生授课时所讲述的内容.

这里的学习常伴随于个体的日常实践。简言之，个体所学取决于个体"想学""需学"和"必须学习"。

正是学习，使成人不仅能够获得生存的基本需求，而且能解决日常困顿，更明朗地生活，因此而使日常生活的重复性有"松动"，在广度、深度与厚重度方面得以拓展，给创造以空间，给生活品质以空间。"贯通古今，思接千载"，在传统文化和现代文化的交融中，日常生活得以改善，获得走出异化的可能性，实现各个生活领域的有机联系。这样的日常生活成为联系主体和社会、文化的重要力量，既承载主体的创造性，又是社会进步和文化发展的推动力量，进而促进个体及族群良好文化性格的形成。

（二）日常生活：学习空间的拓展

个体的日常生活是在丰富的社会关系中展开的。现代社会，职业生活作为日常生活的核心组成部分，每一天都存在显性与隐性的社会联系。显性的社会联系表现在同事之间因相互合作而在社会坐标中创造的价值，隐性的社会联系则是职业生活面临的社会大环境，包括国家价值导向引领下的新政策、新举措，职业相关领域的动态发展、工作服务对象身后的家庭及其社会处境等。这些社会联系赋予职业个体以不同的工作视野和心理状态，这迫使个体职业生活中所需的专业知识与能力因社会发展动态而不断调适，从而使职业个体以一种积极的心态与相关联的不同社会群体互动，这个过程使得个体的学习空间得以建立。简而言之，学习的空间借助各种社会力量、个体和他人之间的相互关系来显现，而行动是学习空间形成并不断拓展的基本方式。

（三）学习赋予日常生活以整体意义

个体因对日常生活理解的不同而形成不同的学习观。日常生活是重复性和创造性的统一体，为个体在多重关系所构成的社会生活中发展自我提供了巨大空间。这个空间中具有不同层次的价值导向。从国家到具体的职业场域，从集体到个体，正是个体对价值的思考与判断统领学习的内容与方法；

而有价值引领的学习促成了日常生活整体性的获得，进而克服学习的异化，更有助于抵制日常生活的异化。

1. 异化的日常生活与学习的异化

学习从其本义上来说是生命生长的方式，是融知识、技能、方法的获得及情感、态度、价值观的发展为一体的过程，是个体逐步融入集体生活或社会生活的过程。然而，随着工业化时代对效率的推崇，学校为了提供更多拥有一定知识和技能的生产者，使学习局限于班级授课环境下书本知识的学习，这种间接知识的学习在一定程度上压制了生命的真实感受性；学科知识对生活单方面的理解破坏了生活的整体性，也使个体对事物的认识从多元走向单一。学习的异化与日常生活的异化相伴随。工业社会的机器大生产使个体在流水线上不断重复同一个动作，单调、乏味的劳作占据了个体的大部分时间，久而久之，"工作"脱离于生活，脑力劳动和体力劳动相分离，致使个体身心发展不平衡。日常生活失去了其应有的丰富意义，剩余的只是单一性、重复性、实用性。日常生活的异化与学习的异化不断地相互牵制，相互强化。

2. 完整的日常生活与学习本义的回归

每个人都需要过一个完整的日常生活，完整的日常生活既体现了人丰富的情感及富有理性的行动、各种人为边界的跨越，更内含生活品质的提升和生命意义的获得。然而，现代社会中的人工智能取得突飞猛进的发展，作为一把双刃剑，它在为人所利用和主导的同时，也不断操控和主宰人的生活。"当人工智能成为社会生活必不可少的组成部分时，它就必然作为客观的社会存在对生命的构建产生影响"[1]，只有当人在自然和社会中对自己有充分的认识和了解时，它才能成为日常生活的强有力助手，彰显生命的本质力量。

人的自我认识与学习来自完整的日常生活。完整的日常生活以人与自然的和谐关系为根基，人与人在充满彼此关怀的互动中而结成意义关系，进而

---

[1] 刘旭东. 人工智能时代生命进化的教育思考[J]. 西北师大学报（社会科学版），2021（4）.

最终实现自我身心的和谐、个体性和社会性的统一。身心趋向于和谐的过程中，身体作为一种自然存在，其"本能"重获重要价值。"本能是生命生长的逻辑起点，寓含着生命未来发展的可能方向和可能空间；本能虽是在长时期的代际传承中固定下来的行为方式，但在适应环境的过程中进一步发生变异。"① 人出于本能去适应环境，进而改造环境，而这个过程便是生命进化的过程，是在学会生存、学会生活中的进化。在这个意义上讲，学习与生命的进化是相互促成的。出于本能的学习不完全受理性支配，包含顿悟、直觉，是一种整体式的学习，这恰恰是有意识学习的基础，这也成为人工智能时代人与技术的和谐发展的坚实基础。人在技术主导的社会环境中，以学习为适应的重要方式，拓展生活的有形和无形的空间，并在与人工智能持续的相互助力中促成终身学习和终身发展，达成纵向意义上的整体学习；从横向而言，日常生活中的学习源于对家庭及社区、社会文化的无意识习得，这也是有意学习的重要基础。

现代社会，学习内涵不断被狭隘化，教师更需要积极而主动地反思学习的丰富内涵。首先，从其源头而言，"鹰乃学习"中的"学"和"习"体现不同含义。其次是学习的层次性，即因家庭生活、公共生活、职业生活、社会生活及生活品质的不同而体现出不同层次，与马斯洛的需要层次说相照应。再次是学习的情境性或灵活性，幼儿教师的日常教育活动融于整个的生活中，丰富的生活情境蕴藏着学习的契机；生活是由充满智慧的一次次行动构成，体现在空间的广延性、时间的流淌性及人与人关系的互动性中，这使学习因为情境的不同而体现出灵活性。最后是学习的创造性。日常生活体验因时空的不同而呈现出差异性，差异是个人认知和行为改变的必要条件，并因此而促成新思想和新行为的产生。对幼儿教师而言，幼儿的思维与行为方式与成人有巨大的差异，这里的差异正是幼儿教师产生新想法和新行为的先决条件。

---

① 刘旭东.人工智能时代生命进化的教育思考[J].西北师大学报（社会科学版），2021（4）.

第二节 幼儿教师的日常生活

一、幼儿教师日常生活的内涵

现代社会,对于作为个体的幼儿教师而言,日常生活同样遭受着异化的风险。然而,教育,更准确地说是"幼儿教育"作为个体的职业时,完整日常生活的价值显得异常重要,"与幼儿在一起的生活"中萌发着富有创造性的日常生活的"嫩芽"。

(一)婴幼儿的认知和情感模式对教师日常生活的启示

新生儿从出生开始便不断地适应新的生活环境,在各种感官的发展中"吸收"环境中的各种资源,在无意识中逐步形成极不同于成人的"世界观"与外显的行为、状态;婴幼儿所独有的认识、感知、表达方式等对于成人有极其重要的价值。我国先秦时期哲学家老子提出"复归于婴儿"、孟子提出"不失赤子之心"等突出强调了婴幼儿的自然天性或淳朴状态对实现人精神超越性的重要意义;蒙台梭利认为婴幼儿具有自己的精神生活,成人需要理解并尊重他们独有的心智学习模式。具体而言,婴幼儿的学习是一种整体性的学习。整体性体现在认知与情感的协同性、物我不分的合二为一。究其原因,婴幼儿学习的动机源于本能。福禄贝尔认为本能包括活动的本能、求知的本能、力的本能、爱的本能、连续的本能、判断的本能、认识的本能、敬畏的本能、模仿的本能。"本能用有机的方式对待一切"[1],婴幼儿从出生开始便经历对环境的不断适应,正是这里的本能帮助他们不断地应对

---

[1] 柏格森.创造进化论[M].高秀娟译,北京:北京时代华文书局,2018.

一切，从而展开自己日日不同的生活。成人的认知是在接受学科分化的学校教育以及更多理性判断的基础上进行的，这里也包含着文化中习得的认知模式和情感模式。这赋予成人各种能力的同时也极大地忽略了本能的力量。这里的不同，对于幼儿教师及其日常生活有怎样的价值呢？福禄贝尔所言"儿童的时代是成人时代的父亲"，作为成人的幼儿教师应该过一种怎样的教育生活呢？

　　首先，幼儿教师需要在与幼儿共同的生活中敏感地感知他们的各种本能力量，从而唤醒对人之本能力量的充分关注与尊重。其次，幼儿教师的教育与教学需要以本能力量为基础，正如福禄贝尔所言，"因活动的本能而有筋肉的训练，因求知的本能而有感官的训练，因力的本能而有情绪的训练，因爱的本能而有情感的训练，因连续的本能而有理解的训练，判断的本能而有是非的培养，认识的本能而有意志的养成，敬畏的本能而有崇拜的训练，模仿的本能而有信仰的训练"[①]。再次，教师在教育中尊重自己母爱的本能、探究的本能等。人对自己的理解和对他人的理解是相互促进的，对幼儿的理解伴随着对教师自身的理解，而对自己的认识有助于对幼儿身心的理解，这种理解正是在师幼互动的职业生活中进行的。进一步说，教师面向幼儿的时候需要不时反观自身，面对自己的认知、情感时也要富有同理心地面对幼儿。最后，基于幼儿学习的整体性、连续性、模仿性，教师需要重建日常生活的整体性。具体体现在各个生活领域的言行合一，无形的精神力量与有形的物质环境的统一性中。教师只有各生活领域的言行合一，才能提供给幼儿可习得（无意识）的正确言语和行为；只有把抽象的思想、品质以生动、具体的画面展示给幼儿时，幼儿才能基于感官而发展判断、推理等思维能力。

（二）幼儿教师双重角色间的统一性

　　作为女性的幼儿教师在家庭生活中经历养育子女的重要角色，这一角色

---

① 福禄贝尔.儿童心理的研究［M］.吕亦士译，上海：上海社会科学院出版社，1932：2-4.

使教师必经幼儿成长的全部过程，亲子间的关系促成对教师角色的理解和担当。幼儿园的职业生活中，共同成长的专业共同体不断丰富并提升作为教师的专业知识、能力和品质，与不同年龄段幼儿的共同生活使教师得以面对幼儿个性的多样性和活动情境的变化性，并生成教育机智和丰富经验，教师对幼儿成长的连续性和差异性形成整体性认识，因而也能更好地扮演家庭生活中的重要角色。两个角色之间的交替进行，使幼儿教师更好地面对家庭和幼儿园之间的关系，实现日常生活的统一。幼儿和教师在不同生活领域互为伙伴关系，双方日常生活的丰富体验和表达深刻影响着彼此的日常生活品质，这在一定程度上成为衡量彼此日常生活幸福与否的重要指标，也凸显了幼儿教育阶段家园生活的有机统一性，拓展了幼儿教师的生活视野和学习空间，也促成了教师对家庭和现代教育的主体机构——幼儿园或学校间整体关系的再思考。

二、幼儿教师日常生活的内在结构

根据日常生活的结构及对幼儿教师的日常生活记录，幼儿教师日常生活的结构包含五个层面。一是幼儿教师的吃、穿、住、用、行，这既是他们生存的基础，也蕴藏幼儿教育的最重要的资源。对幼儿而言，独立饮食、穿衣、盥洗、睡眠等是幼儿园学习和教育的基本内容。传统社会中，这一部分生活在家庭中进行；现代社会，快节奏生活极大地简化了家庭生活内容。快餐、外卖、聚餐等成为现代人生活中的重要组成部分，而这些反映社会变化的内容也影响着幼儿的日常生活。二是幼儿教师的家庭生活。内尔·诺丁斯提出幸福来自人类生活的三大领域——私人生活领域、公共生活领域和职业领域。① 其中，私人生活领域主要包括持家、为人父母、住所、惬意品质和人际关系。家庭生活的幸福既是幼儿教师日常生活幸福的关键部分，也是幼

---

① 诺丁斯.幸福与教育[M].龙宝新译，北京：教育科学出版社，2009：7.

儿教师深刻理解家长和幼儿需求，为幼儿创设科学而丰富的学习活动的基础。家庭中母子和父子关系的经历赋予教育以生活的流动性和创造性，教育契机正体现在家庭生活的细节中，婴幼儿的成长需求迫使家庭成员不断转换教育的视角和方式。三是幼儿教师的公共生活。"被大众文化和大众娱乐所控制和引导的现代人，逐渐以消费的视角去看待这个世界，而不再关注政治领域，进而忽视甚至破坏了公共生活。"[①] 然而，公共生活有助于幼儿教师站在社会整体性的公共福祉的立场上把握幼儿教育中需要解决的问题，这是个体或一个民族的教育被有效、有价值理解的最大背景。[②] 四是幼儿教师的职业生活。职业生活不应当是幼儿教师完整的日常生活中割裂出的独立生活，而是与家庭生活、公共生活等有机联系的生活，既是家庭生活的延展，又丰富着公共生活的内容。五是幼儿教师的生活品质。生活是教育的源泉，生活品质是教育品质和学习品质的基础。生活品质的形成源于幼儿教师日常生活的整体性、丰富性。生活品质的形成可以帮助幼儿教师克服现代社会中日常生活的异化。总之，幼儿教师的日常生活涵盖自然世界和社会文化世界，体现在时间和空间维度的有机统一中。

人，天然地趋向于真善美的生活。幼儿园生活中所蕴含的真善美，源自幼儿教师的创造，需要幼儿教师在职业生活和家庭生活的统一、私人生活和公共生活的统一以及理性和感性的平衡中去创造，这体现了幼儿发展的根本需求——幼儿的家庭生活与园所生活的有机整合。幼儿教师需要克服现代社会中日常生活的异化，回归生活的整体性，使生活的各个部分成为有机整体。

---

① 郭彩霞.日常生活的异化与公共生活的衰落[J].中共福建省委党校学报，2018（4）：107-114.
② 金生鈜.无立场的教育学思维——关怀人间、人事、人心[J].华东师范大学学报（教育科学版），2006（9）：1-10.

三、幼儿教师完整日常生活价值的具体体现

幼儿教师日常生活的价值与幼儿的学习内容、学习过程及其决定的幼儿教师自身的学习过程密切相关。

第一,"完整"的日常生活对应幼儿学习内容的整体性。幼儿在集体生活中所学习的内容既包含基本生活所需和生活常规的养成,也包含游戏活动中语言能力的发展、社会性品质的形成、探索性思维品质的生成、艺术领域的审美及多元表达、身心健康品质的获得等。这样的学习内容不仅体现在教师有意识的活动设计中,更表现在教师的身体力行及榜样示范中,需要教师通过外在的着装、言语和行为表现来体现优秀的内在品质。这必然要求幼儿教师完满的日常生活体验,从中获取丰富资源,进而联结幼儿的兴趣点,以此来推进幼儿的生活进程。因此,幼儿教师的完满生活对于丰富幼儿的生活具有实质性意义。

第二,幼儿教师日常生活的自在性和规律性体现了幼儿本真的学习过程。幼儿教师在家庭中的自在生活包含三代人之间丰富情感及关系的建立,由家庭出发,情感及因之而形成的关系在职业生活中得以延展,而这正是幼儿教育工作的根基。幼儿因"爱"而学会了与环境中的人与事的有效互动,进而建立亲密关系,幼儿教师因此而获得职业的幸福感和价值感,这又必然使得日常生活更有意义。此外,日常生活中自在的交流方式,尤其是口语的丰富性和生动性为幼儿语言能力的发展以及心灵生活的展开提供了宽松的环境,这正是对幼儿以"富有吸收力的心智"展开的学习过程的尊重。

第三,幼儿教师日常生活的历史中蕴含着幼儿教育的重要资源。幼儿教师童年生活中重要他人的教养方式深刻影响着幼儿教师的教育意识和行为。幼儿教师不断反观童年生活经历,运用专业精神反思经历的影响,可以使个体的教育观念更明晰,个体的实践性知识更丰富,教育行为更坚定。

第四，幼儿教师超时空的、丰富的精神生活为幼儿精神生活的发展提供了空间。幼儿对经历的感受和解释是奇特的，超越成人的思维空间。幼儿教师在未充分了解幼儿认知特点及其前沿研究成果时，借助丰富的想象力和精神生活能更好地接纳、支架幼儿对生活中一切事物的理解和表达。

第五，幼儿教师的日常生活蕴含着幼儿教师学习的多种契机。幼儿教师作为日常生活的主体，为了生活本身而展开学习，这种学习源于幼儿教师所处的家庭、园所、社会等环境，是一种有意或无意的学习；是从个体生活需求出发的"自我导向性学习"，幼儿教师自主制订适合自身条件的学习计划，调动自身的元认知能力，对自己的认知过程进行自我察觉、反思、评价和调整。日常生活中的学习使幼儿教师可以敏锐地捕捉生活中的学习契机，并且使习得的经验得以有效迁移。

由此看来，幼儿教师的日常生活对幼儿和教师自身的全面发展具有重要意义，日常生活正是幼儿教师展开全方位学习的场所。

四、幼儿教师日常生活中学习的特点

当人类对日常生活的理解越来越窄化，本为完整生活有机组成部分的工作逐步被剥离于生活，更严重的是工作被视为生活的对立面，人投入工作的时间和精力越多，似乎"生活"的时间越少，甚至失去了整理家务、教育子女的时间，这使得1～6岁幼儿的教育越来越依赖于早期教育机构。然而，幼儿成长的整体需求却使得幼儿教育不得不面对人类最初意义上的日常生活，即以自在的思维和自在的实践活动为基础，凭借各种关系而形成的日常生活。现代日常生活与传统日常生活的差别在于生活的主体拥有了更丰富的文化世界，今天的幼儿教师面对生活和教育时具备更大的选择空间。在幼儿教师的专业视野中，大自然和大社会都可以服务于幼儿教育，只是这样一条自然教育之路常常受到工具理性的侵蚀而使幼儿教育背离初衷，于是，不得不重新审视幼儿教师的日常生活及其所蕴含的学习。

"大自然、大社会都是活教材",幼儿教师的学习正是源于联结社会、文化和个体的日常生活。这里的学习基于人与自然、人与人、人与自我共生的社会文化背景,尊重个体无意识和有意识学习之间的互动关系,学习是一个从自在、自发逐步走向自觉的过程,意在于幼儿教师生活品质的提升。学习既源于日常生活经验,又超越经验,是对经验的体察和反思。幼儿教师学习的场所具体体现在日常生活的五个层面——家庭生活(包含吃、穿、住、用、行)、公共生活、职业生活(园所生活)、社会生活及生活品质的获得中。

第三节　幼儿教师日常生活中学习的发生与发展

一、幼儿教师日常生活学习的发生

（一）学习发生的条件

社会、文化和日常生活互动理论表明，幼儿教师的日常生活推动着社会与文化的同步发展；以特定的社会形态与文化样式为背景，幼儿教师的个体意识和不同群体的集体意识通过有效互动而使得传统文化代代相传，同时又极具可能性地拓展了学习的领域。这里的学习是自在、自发的，是一种无意识状态下的学习，是幼儿教师生活各领域中主导性的学习，特别体现在幼儿教师的家庭生活、公共生活、社会生活中，促成了幼儿教师丰富生活经验的形成。

这里的"经验"不仅提供给幼儿教师日常实践中的合理性，亦为其在整体文化环境中的学习提供反思空间，[①] 进而为总体上理解历史文化结构对个体的影响提供条件："一方面是个人所经历的冲突领域及内在精神所彰显的活力，另一方面是社会所形成的矛盾的结构中包含的学习对象和条件。"[②] 经验是重复的社会调节的过程，在任一时间所给定的知识、感觉、体验及直接生活经验中被迁移或运用（move）；[③] 经验在社会历史与幼儿教师的感知过程间

[①] Henning Salling Olesen and Palle Rasmussen.*Theoretical issues in Adult Education*［M］.Roskilde：Roskilde University，1996：78.

[②] KirstenWeber. *Life History and Experience*［M］.Roskilde：Roskilde University，1997：33.

[③] Henning Salling Olesen and Palle Rasmussen.*Theoretical issues in Adult Education*［M］.Roskilde：Roskilde University，1996：78.

架起一座桥梁，成为他们理解生活、追求人生意义的客观条件。

生活是一个探险的过程，经验是一个动态的生成过程，从不同的维度可以划分为积极经验和消极经验、零散经验和整体经验、个体经验和类经验、自发经验和自觉经验等。经验的不同类型在一定意义上显示了幼儿教师学习发生的不同形式。这些经验的形成更多来源于幼儿教师所处的班级生活中。在幼儿园的班级内部，3~4位教师通过分工、合作与幼儿共度一日生活，这里的自发经验即胡塞尔提出的原初经验，来自幼儿教师的体验、观察、反思，"具有丰富情境性的'习惯'"。幼儿教师的专业性使得班级生活中主题活动的各部分充满了教育的意味，这里所产生的自觉经验即胡塞尔提出的"第二经验"[①]，与幼儿教师的抽象概括、行动应用直接相关。幼儿园生活中，园长引领的学习、集体教研、外来专家的引领、同伴合作、团队反思、源于问题的行动研究等提升了教师对经验的理解和分析能力，增强了教师经验累积的能动性，这使教师的学习更好地生发。自发经验是自觉经验形成的前提和基础，自觉经验是自发经验经由主体持续的努力而形成。自发经验广泛地存在于幼儿教师的各个生活领域，而自觉经验更多体现在幼儿园的职业生活中，二者之间的互动不断促进幼儿教师家庭生活与职业生活之间经验的融合。

（二）学习发生的体现

经验的获得既是学习发生的过程，也是学习发生的表现。幼儿教师在日常生活的行动中获得与幼儿互动的经验、与同伴默契合作的经验。幼儿教师所表现出的"会做而不会生动而准确地说明为何而做、如何做等"正体现了经验在班级生活中的重要价值。因此，经验本身也是幼儿教师行动中的学习结果，是学习发生的体现。这些经验中内含或生发出教师日用而不知的、情

---

① 胡塞尔.经验与判断[M].邓晓芒，张廷国译，北京：生活·读书·新知三联书店，1999：6.

境性的、缄默的知识,这正是教师个体知识的重要组成部分。实践工作中经常认为的"不同性格的教师培养出不同性格倾向的幼儿"是教师缄默知识的充分体现。缄默知识打破了惯常认识世界的方式;惯常认识世界的方式是抽象的、语言的、分析的,注重学科系统性的;而缄默知识则是具体的、实践的,基于对问题的整体意识,注重行动导向。(如表1.1所示)缄默知识吻合幼儿教师日常生活中基于实践的认识方式,因而促进了幼儿教师基于生活情境的教育观念的形成和有效行动;这里的观念是幼儿教师对日常生活中的问题基于个体体验和历史经验而做出的"具象化的思考","其言说方式是经验描述性的",[①] 极具乡土意味,"黏附于具体文化和社会"中;是以义利并重、酸甜苦辣均尝、情感与智慧皆备为条件的。丰富而有智慧的爱的情感正是幼儿教师在与幼儿互动中逐步形成的。

表 1.1 缄默知识与惯常对知识理解之比较 [②]

惯常知识	缄默知识
抽象	具体
语言的、文字的	实践的
分析的	基于对问题的整体意识
学科系统性	行动导向或镶嵌于实践系统中

幼儿教师为幼儿做出的榜样行为、具体情境中瞬时的决策及所表达的情感或言语内容等都以缄默的方式存在于教师的日常生活中,不论是对"是什么""如何做"的陈述还是对"为什么"的解释,都包含着幼儿教师在具体

---

① 吴康宁.关于"思想"的若干问题:一种社会学分析[J].教育理论与实践,2005(12):43-49.

② Henning Salling Olesen. *Adult Education and Labour Market* Ⅲ [M].Roskilde:Roskilde University,1996:96.

情境中的完整体验及对特定文化和社会历史实践的自觉或不自觉的理解。这种理解不仅仅是一种认知，更包含着情感、意志、态度及价值观等，所有这些都是学习发生的具体体现。

二、幼儿教师日常生活学习的发展

（一）发展的条件

幼儿教师日常生活中学习的发展指的是教师的学习过程具有更多的自主性。通过在幼儿园四年的田野研究发现，幼儿教师的自主学习常常与个体生育后角色的变化、班级身份的转变、个体经历关键事件、园所的价值观引领、外部专家的指导、生活历史的自我反思以及园、区、市级等外部评价密切相关，这些因素的影响下，教师自主学习的意识不断提升。这主要是因为这些因素中包含着个体与更广阔的生活世界的连接。这种连接主要通过个性化的交谈、交往完成，如与专家的对话、与园长的交谈、家庭中与新生命的互动、由助教转变成了班长等。生活世界的拓展也与对日常生活交谈所获的丰富的口头文本的深度理解相关，俗语、谚语、故事等口头文本通过其原初意义及象征意义来传达日常生活史中积淀的智慧，这使得个体意识和集体意识、无意识和意识之间展开有效互动；口头文本中的智慧使个体不断传承前人的生活智慧，又基于情境丰富对口头文本的多角度解释，这既是学习不断发展的条件，也是学习进一步展开的过程，体现了日常生活中学习的根本价值——个体通过历史传承而成其为人。[①]

由此看来，富有意义的对话是幼儿教师日常生活学习得以发展的重要条件。对话所指向的相互理解一方面来自基于日常生活情境所形成的个性品质，另一方面也与个体在日常生活中形成的做事风格和生活态度紧密相连。对话中，个性品质、做事风格、生活态度形成密切关系。个性品质或道德品

---

① 雅斯贝尔斯.什么是教育[M].北京：生活·读书·新知三联书店，1991：56.

质不是与特定文化相脱离的，不受"to be"和"ought to be"框架的限制；"个体的道德，作为生命的灵魂和核心在于心灵感应。感应只发生在真实生活和具体情境中，所以个体道德生命的发展是生活和道德的结合点"。[①] 基于文化背景的对话赋予学习主体强大的内在动力并使所有学习活动与个体生活有机融为一体，共同发展，促使学、思、言、行成为日常生活中个体学习发展的基本模式。田野生活中，对四季花开幼儿园四位来自不同家庭背景、具有鲜明个性特点的老师进行了各自生活历史的个别化和集体性的访谈。这些教师在面对家庭生活中的顺境或逆境时，展现出坚强的意志力来调整生活进程，并把这种智慧经过思考与转化而通过班级生活传达给同班教师和幼儿，促成了集体层面学习的发展与提升。

对话的内容、形式、层次体现着幼儿教师学习意识的增强和学习能力提升的程度。例如，田野研究中，四位教师与园内外专家对春季主题活动的对话，是从具体实施过程及其细节中内在精神的传达到教师对自我生活历史的反思，再上升到对种植活动中所体现的自然界优胜劣汰以及人性所追求的真善美、美美与共的价值，这个过程体现出教师的个体关怀和公共关怀精神。这样的对话促成了对话双方具体的分析能力的提升，系统思考乃至自主学习精神品质的形成，凸显出日常生活中学习者的主体性价值。

（二）发展的体现

学习发展中个体主动性的不断提升源于有效对话，其结果体现在两方面：一方面是对话中的个体反观自身，自我认识、自我教育、自我引领（领导）、自我管理的意识增强，自我管理的能力提升；另一方面是教师对他人的感受以及双方所处的社会和文化情境更加敏感，进而能够从整体上理解社会、文化和个人生活的关系，这是幼儿教师学习发展的最佳体现。

---

① 赵汀阳.论可能生活［M］.北京：生活·读书·新知三联书店，1994：76.

自我认识是指个体对自我需要、机制、自体表征（个人内心对自己的看法和感受、自体和客体的关系）及自我和他人的关系的理解。[①] 幼儿教师的自我认识主要体现在对童年期生活事件的积极理解和理性思考，并能够把从中所获体验和认识转化成当下幼儿教育的观念和行为。例如四季花开幼儿园的秋秋老师童年期很少得到父亲的鼓励和认可，但她坚持努力把事情做好，并把生活早期所提出的"三持——坚持、把持、支持（主要来自于家庭）"教育观点运用于班级生活中，"不断鼓励班级幼儿，做事中培养幼儿的坚持精神，并鼓励家长积极支持幼儿的探索，分析社会中存在的各种不同的教育意识和行为"。自我引领（领导）指个体理性确定自我发展方向与目标，逐步根据时代需要调整具体目标并逐步确立实现目标的原则，不断关注自我情感与理智、身体与心理及各种生活角色之间的平衡性。例如四季花开幼儿园的夏夏老师做事充分思考、计划在先、思路明确，她在伴侣的选择、主题活动的设计、实施、反思、提炼中都充分显示出强烈的自主性。她的自主引领品质成为班级教师和幼儿的重要学习资源。自我管理指个体善于选择实现目标的正确方法，制定各阶段任务并不断自我监督与有效调控；为此而有效开发个人资源，合理安排和利用个人精力和时间，加强个人情绪管理，使日常生活保持有条不紊。夏夏老师做事的计划性使她对个体的时间和精力能够有效管理，也为自我反思提供时间；而明确的价值取向和思路使班级教师团结一致而高效完成任务。自我认识、自我领导、自我管理三者之间是相互影响、相互促进的关系。自我认识是自我引领和管理的前提，而自我引领和管理的有效互动促成了更积极的自我形象的展示。积极的自我使个体与他人建立良好关系，在集体生活中创造和谐氛围。夏夏老师因此而获得了良好的学习生态环境，她与班级教师、幼儿、家长等更多人的和谐相处扩展了学习的时空。

---

① 季平，崔艳丽，涂元玲.理解自我［M］.北京：教育科学出版社，2014：257.

同时，积极的自我促成了个体在日常生活中积极面对各种问题或困境，并通过自主研究而获得更多的自主权。自主研究是个体缄默知识显性化的必要途径，更是职业生活中实践性知识形成和不断丰富的基本保障，幼儿教师通过自主研究而解决教育过程中遇到的问题，进而从知识的传播者转变为知识的创造者。由此看来，幼儿教师学习的发展主要体现为自主学习能力的提升和积极自我的形成，这使得个体日常生活的不同领域处于良好互动和不断融合中，从而有助于整体生活品质的提升，并形成新的生活观、职业观、教学观等。

第二章

幼儿教师日常生活田野的"浸润"与"走出"

对于幼儿教师生活的真正理解来自田野研究。田野研究是人类学首要的方法，强调研究者深入研究对象的日常生活中，通过与生活场所中不同个体或群体的亲密接触和长期互动，更全面、更深入地理解他们的信仰或价值观、深层行动意图和具体的行为表现。田野研究中更为重要的是田野日志的撰写。记忆会因时间流逝而模糊或错乱，每天田野生活中或结束后需要及时回忆并进行全面性的书写，书写完后以"备忘录"的形式进行补充，为后期的深度阅读、编码、分类、重组、分析及活动志或园所志[①]的完成奠定坚实基础，最终实现书斋理论与研究现场知识性的贯通，并尝试理论的建构。

---

① 杨瑞芬.幼儿园乡土课程文化：内涵、形成、发展——基于A园的田野研究[J].当代教育与文化，2019（1）.

第一节　田野研究中的身份及资料收集

一、田野研究中身份的转换与叠加

田野研究中首先采用目的性抽样法，确定了四季花开幼儿园为田野点，一是因为该园有深厚的历史传统，二是因为该园在区域公办园的文化建设中具有一定的典型性，三是园长持有开放办园的理念和具体行动，这是进入现场进行持续、深入研究的先决条件。因此，田野研究从2018年初开始，持续四年之久。长时段的田野生活，既能够从文化背景中深入挖掘教师日常生活的内涵，进而分析幼儿教师学习的过程，又能够理解个体性的学习与组织文化的密切关系。因身份的不同田野历程大致分为四个阶段。

第一阶段是2018年3—8月，这一阶段是"挂职锻炼"的学习者身份。作为中层干部和后勤专业教师办公室中的一员，全面了解园所的各项工作。宏观层面包括四季花开幼儿园分园的建立和"班子会"、全园教研、工会活动、党团活动，微观层面是观察两个中班的日常各项活动。这一阶段住在园内，每日三餐都在园内，借助进餐时间获得了大量细碎而有价值的信息。

第二阶段是2018年9—2019年7月，这一阶段以一月一次的频率入园，阶段性地跟进园所改革的节奏。其间，园所教师进餐环境经历全面改造、园外资源介入并推进园所文化理念的调整、干部的选用和转调、高校研究项目的引入中，园所教师不断经历着物质环境和因人事调动而形成的人文环境的改变。

第三阶段是2019年9月—2020年8月，这一阶段是以项目合作者的身份，通过与园长、园内项目负责人和10位骨干教师的频繁交流来推进"基于乡土资源开发的幼儿园课程文化建设——以四季活动为例"的研究与实践。园所在第一轮的行动研究中开展了"秋月节"和"冬雪季"园级层面的活动；借助专家的节气文化资源解读而建立幼儿园的节气文化资源库，把传统文化元素——诗词、绘画、民俗等传统文化资源逐步引入班级主题活动。研究者与项目中的两位教师建立密切合作关系。

第四阶段是2020年9月—2022年5月。以项目深入推进的研究者身份深入园所工作的各个领域；同时，因为情感的增进而获得更自由的观察和参与空间。这一阶段，幼儿园在管理中进行大变革，任用一批新班长、新教师（五名男教师），"老班长"以助教身份推进班级工作，小班、中班、大班保教工作由新"出班"（班中优秀教师被任用为年级管理干部）的教师担任，并为各年级配备两位组长（组长既是班级教师，又负责年级的部分工作），分别负责教研和"外交"事宜（班级与园内各部门教师、园外相关人员的联系）。同时，以家长身份和项目合作者身份而深入特定的小、中、大班级的管理工作中以及全园、年级教研活动中，理解个体教师和不同层次的团队之间的互动关系。身份的多重性使这一阶段与教师的关系经历了很多微妙的变化，在不断的调整和改变中，与更多位教师建立起更密切的关系，逐步了解教师的性格偏好、秉持的价值观念以及各自的不同经历，为教师个案的"最大差异选择"（质性研究中个案选择的原则）奠定了基础。

二、田野研究中资料的收集

四年多的田野研究中，不断深入地参与幼儿园各项工作，连续跟进园级层面的四季活动和班级教师（矩阵分布图中的四位研究对象，见表2.1）主题活动。整个过程中，与教师的情感关系日益加深，资料的来源更加多元，资料的收集更加便捷和顺利。田野资料主要包括田野日志、参与性活动的观察记录、访谈资料（生活历史访谈、焦点访谈、主题性的个人访谈）、照片与视频、人工制品（教师作品——"我的2019—2021、反思、主题活动方案"和幼儿的摄影、手工和绘画作品）。

（一）田野日常生活与田野日志

田野日常生活是与幼儿教师和幼儿共同度过的，因而有片断性的记录，而一天结束后自我独处时间的田野回忆和补录也成为田野生活的日常事项，同时也有助于完成田野日志。田野日志分为两类：一类是对研究者在幼儿园每日参与的核心工作以及非正式交谈内容和过程的详尽记录，多由当日及时回忆性的书写完成；另一类是对一周生活体验反思的及时记录，备注中逐步加入个人的感受和与理论对接的观点。四年多田野日志共计301篇，这成为研究的核心资料。这些日志可以根据具体的研究问题进行多次编码并加以分析。如对教师学习空间的分析，可以按照活动场所的不同进行分类提取；对教师个案的分析，可以择取该教师及与之相关教师的活动记录。对这些记录的分析都以对园所整体改革进程记录的分析为基础。

（二）访谈及其文本

对幼儿教师日常生活的关注，不仅有助于发现阻碍教师学习的深层因素，更重要的是探索作为个体的幼儿生活创造者的教师如何与这些阻碍因素从"抗争"走向调适，如何把生命的意义在日常生活中逐渐彰显。观察和结构性访谈不足以了解教师作为"冰山一角"的日常行为背后的情绪、情感与认知相互交织而产生的巨大力量，而生活历史法和叙事探究的共同运用将有助于这一研究目标的实现。

1. 方法的选用

从整体而言，研究幼儿教师的日常生活需要对幼儿教师所处位置的"上下""左右""前后""内外"等多重关系的体验与解释，[1]"上下"区分个体心

---

[1] 陈学金.教育人类学学科建立与发展[D].中央民族大学，2014.

理、行为、幼儿园文化及其面临的社会环境不同层面间的关系,"左右"面对的是教师间、园所间等平行关系的解释,"前后"关注历时性,"内外"指的是研究者对幼儿园内外关系的洞察。由此看来,田野研究及民族志的书写是研究日常生活适切的方法;然而,对日常生活中个体学习心理过程、社会关系及其文化背景的理解,需要深入其"生活世界",经由"深描"和被研究者在轻松氛围下的讲述,对收集的资料进行小组解读来捕捉各种"微妙"关系,这就需要选用生活历史法。这种方法关注某个终身学习群体心灵深处甚至潜意识中的学习机制,体现个体和其所处社会情境的动态联系,透过对社会历史的批判分析和对童年生活的精神分析,揭示主体性蕴藏在日常生活中的潜能;在解读文本的时候,研究者需要借助自身经验作为联通自己和外在环境的桥梁,这座桥梁既是资源,也是难以超越的"主观"屏障。生活历史正是指向理解个体生活中主体性的社会结构方面,以及历史性的主体是如何在日常生活中与社会情境展开互动的。[1] 叙事探究发端于人文社会科学独特的研究范式,关注的是具有情境性、时间性、偶然性的变动不居的生活世界中的具体的、生活着的人,[2] 需要在个体生活的具体而又复杂的时空中收集素材,深化叙事,由故事中的角色、叙述者、读者共同建构意义世界,这一过程也正是他们与世界打交道、筹划自己可能性的过程,因而能唤起读者的反思意识。[3] 该研究尝试两种方法的结合,各取其长,力求深入理解教师不同生活领域中的学习与发展过程。

2. 个案的确立

访谈是根据教师的工作节奏而进行的。教师较长的空余时间中采用正式访谈,主要是对教师生活历史的一对一访谈和焦点访谈(幼儿园教研会提供

---

[1] 徐改.成功职业女性的生涯发展与性别建构[M].上海:上海社会科学院出版社,2008:4.
[2] 鞠玉翠.走近教师的生活世界——教师个人实践理论的叙事探究[M].上海:复旦大学出版社,2014:25.
[3] 同上。

的契机);非正式访谈是在教师工作间歇(教师进餐、幼儿午睡等)随机开展的交流。随着与教师彼此互动频率的增加和相互理解的递增,教师会主动地分享"感受与心得",这些资料对理解教师的日常生活具有更重要的价值。

正式访谈对象是根据幼儿园价值的倡导——发挥自己的优势(扬长)并密切合作而确立了独特性(个性)和共性(社会性)的维度;根据幼儿教师的文、理专业背景和日常表现中的行动与思维方式倾向性而确立了理性和感性的维度,同时兼顾年龄阶段,根据最大差异选择[①]原则制定了矩阵图(如表2.1)。据此而确定了运用生活历史法进行访谈的四位教师,并把她们所带班级确立为主要田野点。

表2.1 研究个案的确定[②]

	感性	理性
独特性(个性)	春春教师	冬冬教师
共性(社会性)	秋秋教师	夏夏教师

四位研究个案的最终确立经历了较长时间段的调整。从田野研究的第二个阶段开始,便根据管理者的推荐选择了实验班冬冬老师以及平行班炎炎老师作为重点访谈对象,冬冬老师的活动设计独具匠心,总是能激发起幼儿的兴趣;善于利用园里各种资源,同时把班级作品分享给更多的老师和幼儿,因而实现了资源的流动。炎炎老师和善、平易近人,善于与班级各位教师积极沟通,她和班级教师共同制定"平等、团结、务实、创新"的班级建设价

---

① 陈向明. 质的研究方法与社会科学研究[M]. 北京:教育科学出版社,2000,180.
② 春春老师和冬冬老师在幼儿园表现得"独特",前者更具有共情力;后者更注重工作业绩;秋秋老师和夏夏老师更注重他人评价,前者情感表露更加外显,后者做事更加有计划性、谨慎。这样的划分是根据四位教师在特定发展阶段的表现相对做出的区分。四位老师个性的表现详见第四章、第五章。

值观，并在每天的生活中有意或无意地追求这一价值观的达成。这两位教师2018年同时参加半日评优活动，在准备到参赛的整个过程中，笔者对两位教师的个性有了更清晰的认识和了解。2019年炎炎老师因调离而没能继续跟踪研究。

2020年，四季花开幼儿园冬季学期的亮点工作分享中，夏夏老师的"柿子树"活动亮点突出，这一活动呈现了夏夏老师怎样的个性品质？为此，首先访谈了四季花开幼儿园园长，然后深入班级进行观察和结构式访谈，在此基础上对夏夏老师的成长历程进行了深度访谈，并确定夏夏老师为重点访谈对象之一。

通过对冬冬老师和夏夏老师的初步对比分析来看，冬冬老师具有鲜明的自我意识，活动设计和班级管理与众不同，彰显了独特性；夏夏老师在同事眼中"温暖、不计较而又思路明晰"，显现出其善于沟通与合作的品质。据此，初步确立了从个性到社会性的纵坐标轴[1]，幼儿园所倡导的"和合"文化价值为两位教师的发展创造了空间。同时，根据幼儿教师展现的感知力、表达力、分析力及不同的学科背景而确立感性和理性为横坐标轴[2]。确立这个坐标轴后，对幼儿园管理者进行了初步访谈，结果显示：幼儿园老师因文科、理科、艺术科学习背景及学历等的不同而显现出感性和理性方面略有侧重的优势力量；个性和社会性在一定程度上显现出教师发展的阶段性，但不同的教师发展倾向性有所不同。这可以为教师们确立各自的坐标点，也可以分属于四个象限。根据这一发现，在参照教师主题活动、班级管理及其余文字资料的基础上，确立秋秋老师（综合大学毕业）和春春老师（幼儿师范学校毕业）为重点访谈对象。

---

[1] 个性与社会性的关系是相辅相成、辩证统一的；在冬冬和夏夏作为不同个体发展的过程中，呈现不同阶段略有侧重的特点。

[2] 感性（认识）和理性（认识）是互相联系、互相渗透的。由于春春老师和冬冬老师成长历程及性格不同，不同发展时期的认识方式、表现各有侧重。

这四位教师中，春春老师先后与夏夏老师、冬冬老师、秋秋老师是班级合作者，因此，在呈现四位教师的生活史中，遵循了实际情形，对春春老师主体性彰显的描述运用了一整章；而其余三位教师的生活史叙述合为一章。

（三）观察记录与参与性活动的记录

为了解教师及幼儿的行为表现，在参与性活动中对过程和内容进行及时记录（教研会、亮点工作分享会等），在非参与活动中进行全身心观察并对关键环节进行拍照、录像，结束后及时进行回忆性记录。观察的主要内容包括教师与幼儿、其余教师、家长、园所干部之间互动关系的建立方式和过程。田野生活的参与性活动中根据就近观察原则选取了春春、冬冬、夏夏、秋秋以及班级的两名教师为重要观察对象。

（四）人工制品

人工制品指的是实物性材料。幼儿园中，教师是环境创设的主体，园级层面和班级层面的环境设计及布置都由教师团队或教师指导幼儿完成（幼儿的摄像、绘画等作品），其中蕴含着师幼合作所彰显的创造性。环境中呈现的手工艺品、整体造型以及色彩运用等均是人工制品的重要组成部分。此外，教师根据园所需要完成的各类文字资料、出于个人意愿的书写作品也可以归为人工制品。人工制品是师幼思想和情感的直观、具体表现，这些作品具有特定的文化内涵，因而具有不可替代的分析价值。幼儿园整体层面的环境布展、主题活动相关的展示摊位以及相应的视频、四位教师的班级环境创设成果及活动开展期间教师和幼儿共同完成的作品，成为研究中重要的分析对象。

第二节 田野研究资料及其初次分析的呈现

一、田野资料的分析条件

田野研究作为人类学的经典研究方法,田野调查、民族志的撰写、理论的构建是有机联系的;从资料的收集、整理到分析、解释,理论既是基础、工具,更是结果。田野的进入伴随对日常生活批判理论与成人学习理论的逐步理解,对资料的敏感性源于生活体验理论提供的四要素框架(时间、空间、实体、关系)[1]及奥伊肯对生命力量的解读[2],在此基础上才能够尽可能关注到幼儿教师在现实中的困顿以及不断努力的成长意志和行为,理解现代生活中的幼儿教师如何与现实保持适度张力,克服生活的异化,争取完整意义上的日常生活,追求生活品质,进而赢得生命的成长。研究本身是在理性认识和实践场域中的真实生活体验循环往复的互动中推进的,研究结果的呈现也将尽可能体现这一互动过程。

二、田野资料分析与理论的对接

首先,借用日常生活批判的理论工具对研究资料进行整体分析并呈现初步的分析结果;其次,对分析结果之一——教师"操劳"中的"无奈"与

---

[1] 范梅南.生活体验研究——人文科学视野中的教育学[M].宋广文等译,北京:教育科学出版社,2003:135-140.
[2] 奥伊肯.生活的意义与价值[M].万以译,上海:上海译文出版社,2000:98.

"去学习"时刻进行理论解读和原因剖析;再次是对分析结果之二——教师在"操劳"的学习中不断成长进行叙事式的呈现与分析;最后,根据生命理论和教师的实践理性探索幼儿教师从"平淡"走向"伟大"的多因素及其互动机制,初步探索用"学习空间"概念分析教师学习力提升和师幼生活品质改善的路径。

三、田野研究结果的阶段性呈现缘由

持续四年多的田野生活正式结束时,带着丰富的田野资料,夹杂着田野中间断的梳理和观点再次走进书斋。日常生活批判理论及成人学习理论不断在脑海浮现,这是理解现代人日常生活的重要依据,有助于理解幼儿教师的日常生活困境;但更重要的是田野中一个个经历不同发展时期、具有生命力量的个体和全体,他们在幼儿园的日常行动中不经意间流露个体的思想与情感,他们处于一个动态发展的整体世界中;官方的"优秀""骨干""学科带头人"等称号远不及对他们日常工作的观察与感受更深刻、更有意义。在研究个案和更多因机缘巧合而频繁接触的教师之间,似乎存在一种张力,这种张力似乎是幼儿园价值导向、管理方式与个体追求之间的张力。作为研究者,既不能站在管理层来解读教师的成长历程,也不能作为教师"心声"的代言人来替代对教师思想转化过程的理性审视;既要关注"普通个体"的学习动力何以产生,又要分析各层级、各部门教师之间的互动力量,从而真正揭示幼儿教师整体生活中的学习生态。

田野资料的分析与呈现因理论视角的不同会有不同的方式。基于对日常生活特点的分析和成人学习路径的解读,资料分析将分两方面呈现:一是对日常生活中"学习无奈""学习阻碍"之原因的阐释,这里重点关注个体和组织之间的张力,呈现于第三章;二是借助生活历史资料揭示幼儿教师日常生活中的认知、情感以及行动,进而分析他们所学的动力、内容、方式、因

素及效果等,这里重点关注个体成长过程中的"变"与"不变",呈现于第四章和第五章。这一部分需要注意研究伦理:对于研究对象出于信任而给予的书面资料和口头交流的内容要经过谨慎处理,尊重并保护其隐私权。

特别重要的是日常生活中的学习处于特定的文化背景中,文化浸染中更多的是无意识学习。对此,一方面借助小组解读来克服研究者个人的局限,另一方面借助文化对个体和组织发展价值的分析框架来揭示这种影响力。学习动力中情感因素的分析需要在必要的时候对幼儿教师进行追踪访谈。

第三节　田野研究点——四季花开幼儿园的日常生活与教师学习概貌

一、四季花开幼儿园的整体描述

幼儿园的变革和发展决不能抛开历史,"没有一个社会结构是完全凭空建构的,它总是要基于前一个社会结构,继承其中的某些要素,在此基础上建立新的东西"①。四季花开幼儿园建于1955年,2005年迁入新园址。尽管四季花开幼儿园长时段的发展历史尚没有找到详细的文字记载,然而,通过在田野中的参与观察与对30多年教龄教师的深入访谈,捕捉动态全貌,我们也能对有关的历史清楚掌握②。20世纪80年代至今,伴随着学前教育领域政策的颁布与实践中幼儿园课程的改革,四季花开幼儿园的发展经历了四个阶段。

第一阶段是20世纪80年代,当时四季花开幼儿园在旧址。这个阶段的教师只有一少部分毕业于原幼儿师范学校,且是园所周边的教师;其余上课教师多是经过短期培训后的小学转岗教师,而保育员则没有经过正规培训。专业教师技能特长和擅长学科不同,但都经历了三学六法——教育学、心理学、卫生学以及语言、数学、常识、音乐、美术等各学科教法的学习,因此在幼儿园采用分科教学。由于师资力量极其有限,班级中上午和下午各有一

---

① 乔建.试说费孝通的历史功能论[J].中央民族大学学报(哲学社会科学版),2007(1):44-50.

② 同上。

位带班教师,保育员则全天在岗。这一阶段,园内没有教研活动,只有极少数的教师被安排参加区里组织的教研活动,而党团活动多以阅读书、报的方式进行。尽管1978年的改革开放,使幼儿教育领域的国外教育理念和思想不断引入国内,但教师处于自主学习阶段,尚没有改变主流的教学方式。

第二阶段是在20世纪90年代,这个时期幼儿园开始注重园内开展业务学习,并且已经有兼职教研员;教学中引进国外的许多课程模式,如蒙台梭利教学、项目教学、瑞吉欧教学等,区域活动也开始作为课程的一部分。但由于众多的国外课程模式没有经过本土化的改造和研究,所以造成了课程实践领域一定程度的"杂而无序",教师在不断摸索中前进。

第三阶段是2000—2008年,科研的兴起促成了我国幼儿园不同版本教材的出版和发行,四季花开幼儿园所在教育管理部门统一要求采用《快乐与发展》课程,教师为了借鉴丰富的活动素材,自主到图书大厦购买其余教材。科研中,四季花开幼儿园开展体育领域的研究课题,在师范大学教师的指导下有序推动实践层面的改进,由此初步形成幼儿园"体育特色"的办园理念。这个阶段,幼儿园的各项活动多在班级层面开展,节日活动也如此;只有极少数的时候开展年级活动,如运动会。这一时期,幼儿园重点关注幼儿常规养成,并初步确立园标以及教师追求的价值导向。

第四阶段是2009年至今,随着新任园长的到来,幼儿园的大型活动逐步增多,园级层面的主题活动与班级主题活动频繁互动;同时,由于主题活动研究的推进,不同层级的主题活动在归类、整理、分析中得以提升,活动方案、体育特色课程由科研教师负责撰写而得以出版;较为系统的办园理念、园级主题活动类型及课程建设思路都以图文并茂的形式编辑成册,作为对外交流素材。四季花开幼儿园办园理念始终处于不断修正和完善中。2009年初步定为"和合文化",2015年进一步明晰为"和而不同、合作共赢、和谐发展",追求"合力"育人。2019年,和合文化内涵被进一步挖掘,界定为"和心合育、众爱致远",即以爱为源泉,以"和"的氛围——和于众,"合"的方法——合乎道,以景、情、人的和谐为根基,促进师幼在包容、开放中共同发展;其中,道即生命发展的自然规律及与其相适应的教育方式。四季花开幼儿园这样的价值追求体现在其环境文化、课程文化、教师文化和幼儿文化的建设中。伴随四季花开幼儿园和合理念的确立,传统文化元素不断引入主题活动;特别是在 2019 年后,四季花开幼儿园自觉推进传统文化入园,在高校师资力量支持下,追求课程的价值定位,借助 U-S 协同创新项目,依托乡土文化资源系统性地建设四季园本课程,逐步建立起传统文韵滋养、四季内涵挖掘、主题资源提取、架构活动研讨、文化价值提升、园级庆典仪式支持的教师学习六环节,通过对教师传统文化素养的培养来丰富其对课程的价值理解,进而在三轮次的行动研究中推进四季课程建设。

特别需要提出的是四季花开幼儿园在两个分园建立过程中,幼儿园聘用了更多的新教师,作为对新教师(任职 1~3 年)培养的一项管理激励策略,班级以竞聘的方式选用了更多新班长,并进行系统支持与培养。例如,为了新教师和新班长更快地理解幼儿园"和合"理念,四季花开幼儿园不仅从人工制品层面丰富了对园标内涵和师幼形象象征物的解读,更号召各级管理者以"和的氛围、合的方式带给我什么"进行反思与研讨,"教师的反思可以促进对自我角色的深入思考和实践探索,理解越深刻越有助于工作的开展,这也是我成长的切身体会"。四季花开幼儿园园长不断把自己的成长经验融入管理思想,进而推动教师认识能力的提升。

二、园长日常生活中思想的传达

组织发展理论先驱沃伦·G. 本尼斯(Warren G. Bennis)提出未来的机构将以领导团队来管理:伟大的领导者和追随者总是致力于富有创造性的合作。我们如今面对的问题来得太快,也太复杂,以至于要解决它们,我们需要优秀的领导者甚至是领导团队率领下的人才群体。幼儿园的管理团队是指园长、副园长、保教主任、后勤主任、科研主任及各年级组负责人所组建的领导共同体,他们同时接受市级、区级教委的指导与管理。园长是这个团队的领导者,借助于指引性的愿景(guiding vision)、激情(passion)、正直诚实(integrity)、信任(trust)、好奇心(curiosity)、勇气(daring)等各项品质来引领团队的发展。愿景的提出源于园长在30多年的工作中对个体、教育、组织发展等的深刻理解及对自我个性品质的锤炼。

四季花开幼儿园园长着装美观大方而又自然得体,留有小卷花的短发;说话谦和而有分量,让人听起来舒服、愉快,更能体会到她的敏锐和机智。作为女性,不乏内秀、柔和、细致,却也更有担当和源于实践的理性判断,在不同岗位的多年历练中逐步成长为一名有思想、有见识的园长。

四季花开幼儿园园长1986年毕业于市政府第一次委托师范大学开办的学前教育大专班,毕业后分配到区教育局幼教科工作,任视导员15年。"当时我常分析不同类型园长的管理风格,园长应该做凝心聚力的事,并且学会借力",因此认识并了解了各类型园长的工作方式。她34岁开始担任园长,任园长23年的过程中逐步形成了个人的园长观——"激发个体工作热情,追求不管而管"以及优质园的标准——幼儿园应该充满活力与智慧,具有创造性;强调人际交往,突出团队文化;通过一整套的标准清楚地展现办学目标;把孩子的需要放在首位,为孩子的学习和成长提供理想的环境。

事实上,除了同事眼中知人善任、热心助人、开放包容等品质外,四季花开幼儿园园长是一个真诚的人、一个大胸怀的人、一个善于以思想引领人成长而又以行为感化人的园长。因为,初进园几次的谈话中,她的思想和言行深深感染了我。每次谈话后我都会记录并整理好园长的精彩语录和管理小案例。四季花开幼儿园园长对教育有一个基本的信条——教育就是帮助别人,自己帮助了别人,别人就会主动帮助人。所以她倡导园所干部接待兄弟单位的观摩活动要不怕麻烦,形成常态;对于管理,她认为自己只是善于借力,同时,管理要威严和温暖并存(要关注教师基本的生活需求和精神需求,要善于为积极肯干、追求创意与持续改进的教师建立赏识氛围);要给人做事的空间,但尺寸要把握好——给予老师和中层干部思考问题的空间,解决问题的空间,给管理者留出做判断的时间;要包容有个性的人,运用人的长处;要集全员力量解决、推动教师的发展。四季花开幼儿园园长不仅展示了女性的优势——注重细节,而且通过激发正能量为教师创造乐于工作的愉快氛围,注重家庭给教师的强大动力;面对规模的扩大和分园的建立,她提出无为而治的管理策略,尤其重视做好首与尾的工作,如重视班长自己选择合作教师,从建班开始搭建好平台以免除不必要的麻烦,从学期初的欢迎新朋友入园建立好与家长的关系,在每学期开始做好不同群体适宜的培训,学年末则对每位老师说一段鼓励的话;此外,每年放假前给班级每位老师和保安送礼物以示谢意。在生活中,四季花开幼儿园园长认为任何一件事都需要精心准备。

  关于文化,四季花开幼儿园园长从2009年便关注其对园所无声无息的影响力——文化就是把关于人的思想落实体现在行为中,她以"和而不同、合作共赢"的思想引领文化的建立,通过对负能量强有力的控制而倡导积极向上的文化氛围——通过辞退一个常常寻找借口怠慢工作,有19年教龄的教师来坚守用人的底线;她通过传承园所的体育传统来倡导新时代身体、心理、社会性发展健康的新风尚;她坚守管理所忌讳的——忌跳跃,忌遗忘生活,听领导话要注意底线,因为生活与工作密切相关,生活是工作的前提,工作可以提升生活品质。

——摘自2017年2月22日田野日记

技术领导力、人际领导力、教育领导力、象征领导力和文化领导力是园长的五种领导力。其中，文化领导力是建设卓越幼儿园的核心和关键。四季花开幼儿园园长注重对教育思想、管理思想的不断总结和提炼，认为"教育就是帮助人"，"管理要注重团队的工作主动性，无为而治是管理的最高境界"，正确的思想正是园所凝心聚力的根本，以此为基础，园长和管理团队提出"和而不同、合作共赢"的价值追求。为此，四季花开幼儿园园长鼓励每位教师发展自己的优势，"给人做事的空间，并建立公正的管理制度"，"要善于为积极肯干、追求创意与持续改进的教师建立赏识氛围，……也通过对负能量强有力的控制而倡导积极向上的文化氛围"；制度只是管理的一个策略，而"以德服人、以情感人"才是管理之本，这依赖于管理者的优秀品质。园长在"同事眼中具有知人善任、热心助人、开放包容等品质外，是一个真诚的人、一个大胸怀的人、一个善于以思想引领人成长而又以行为感化人的园长"。因为园长的包容，每位干部都勇于发表个人见解，以此来丰富幼儿园思想，促进文化在多元视角的基础上加以整合。文化领导具有柔性化、人性化、德性化和持久性的特征。园长敏锐的文化鉴别力和积极的思想渗透力是文化领导的根本，而优秀的人格是基础。园长的亲和力及其团队的文化整合力是园所发展之本。

三、四季花开幼儿园日常生活中的团队学习——分层与跨越

（一）园长——支持教师学习的核心

四季花开幼儿园园长首先注重的是价值观念的引领，"要把问题想清楚，要把事情想清楚，才有可能让老师们更清晰地做事（否则会更乱）。所以，我不会迎合其余的力量，而是着眼于教师如何更轻松地工作。我们的文化建设不注重如何表达，而是注重如何真正理解其实质"。其次，注重引领干部

的学习,在广阔的生活世界中为干部搭建各种适宜的学习平台,"外出讲课常是干部、教师和自己合作进行"。再次,从自身出发引领干部发挥自己的优势。最后,关注课程,引领课程。对于教师的优质主题活动,她会进行"全园多次打磨",即邀请理论导师定期指导,进而转化指导成果,最后在全园推广。

四季花开幼儿园园长作为幼儿园的核心人物,在自身的学习中践行"和合"价值观。幼儿园的四季课程以自然为根基、以文化为线索、以儿童的身心发展为指向,课程的建设不仅需要面向大自然和大社会,更要关照价值取向。园长不断汲取由个人生活所联结的资源,以"天人合一"的精神指向而展开融入生命的学习,"园里池塘的小鱼常常因夏天的炎热而失去生命的最佳环境,梧桐树旁边的玉兰树也因争取不到养分而不开花,我要努力为这些生命建立最适宜的生存环境"。园长在教师培养中也注重为不同个性的教师创造共同行动的平台,"园领导的信任、培养与指导,使我拥有了发挥的空间、内在的动力和面对困难的勇气",教师"自主设计方案—团队评价—方案改进—实施—反思—外出学习—再改进"的过程成为四季花开幼儿园约定俗成的做事方式。其间,园长给予的是期待、包容以及面向个别教师的"谈心"。

(二)中层干部引领的学习

四季花开幼儿园小、中、大班各有五个教学班,每个年级都有保教主任和年级组长。他们根据园所的整体安排组织教师讨论和交流,以"共同设计—确立方案—分工实施—阶段性评价—改进路径"来推进工作。同时,他们注重个性化的引导和理念的提炼,教研和科研处于不断整合的探索中。

四季花开幼儿园的中层干部为班级间的学习组织不同层次的教科研活动,"幼儿园为教师们搭建的各种平台与学习的机会,使幼儿教师摸索到一种方法:平时搜集相关资料,注重传统文化知识的积累,再与班级成员架构主题网络图和思维导图，深入挖掘传统文化的精神价值，并筛选有价值的传统文化资源"。干部的引领促进了班级内部的学习。通过对 90 位教师的调研，班级内呈现以下学习方式：向有经验的教师学习、集体协商后发挥各自优势、同伴互助、师带徒、骨干（班长）说课、针对问题研讨、观察—记录—分析、情境中及时沟通、结合理论的幼儿个案分析；教师们常用的学习方式是有效合作，即"在明确职责的前提下，在分工的基础上，每个人都追求有效的时间内高质量地完成任务，并在班级总体工作目标下，互相补充，促成成功的合作"。这样的学习中，实践性知识在教师个体、小组及幼儿园组织学习之间的互动关系中呈现复杂的多种变式。

（三）科研教师引领的学习

四季花开幼儿园有三位科研教师，园外，他们共同参加研究生学习共同体的培训；园内，他们通过"研讨调查方案—收集问题—分析问题—确立研究主题—指导教师行动研究—成果梳理—深度支架教师的发展路径"引领教师的研究性学习；同时，他们会精心备课，定期为幼儿上课。在非正式的职业生活中，他们积极讨论各自的学习风格和教师的共性问题等，不断提升元认知层面的思考力。

同时，四季花开幼儿园科研教师基于高校支持的三年协同创新项目，以"基于乡土资源开发的幼儿园乡土课程文化建设"为主题，以行动研究范式推进幼儿园的"四季"课程建设，以提升教师的文化自觉性为根本目标，以项目团队与科研教师的密切合作为基础而支架教师研究意识的形成。

具体而言，第一轮的行动研究中，研究团队的核心成员通过对节气资源的梳理而确定出每个季节中关于物候特征、地域特征、饮食起居、文化象征的具体内容支架班级主题活动的资源分析与利用，这一阶段，教师集中于节气资源的学习与文化解读；第二轮的行动研究中，通过分析"柿事如意"主题活动而提出初步感知、深度探索、多元表达的参考路径，同时有效嵌入适宜的文化资源，如节气、庆典、民俗、字画、成语、古诗、小说、甲骨文、传说、谚语、食物、医药、非遗传承人、博物馆、服饰器具、建筑牌楼，进而探索活动开展的精神价值，这一阶段，教师侧重于资源的儿童视角的转化以及活动精神价值的思考；第三轮行动研究中，借助于"理解—整合—重构"的主题活动开展原则，教师经过结构化的训练后逐步发现教师自我认识、自我引领、自我资源管理与利用的价值，在主题活动的多样化探索中，自然而然地生发精神价值并互相借鉴与拓展，自觉营造学习生态。如班级间在种植季因不知情而"刨根"，后又赠送南瓜籽来补偿，这促使两个班级互相成为学习资源；一个班级因赠送向日葵苗以及种植技术而获得对方搭建的夏日阴凉篷，班级互动由此展开；一个班级的向日葵——太阳文化辐射到相邻班级……这都得益于教师和幼儿的互相引领与支持。三轮行动研究中，由幼儿园教师、管理者和高校教师共同构成的研究团队通过自上而下和自下而上两条路径支架教师的学习，既有价值导向的引领，又有对主题活动的深入指导，同时也帮助教师不断提炼个体的实践性知识，丰富对自我的认识。

（四）班级——教师的主要学习场域

班级是幼儿园的基本单位，各班级形成一个教研共同体，因问题而自主展开讨论；班级内的教师、幼儿和家长，既是讨论共同体，更是行动共同体；在合作中形成共同经验，又因个体优势的发挥而形成个性化经验。他们通常经历的是发现问题或明确关键任务—资料整理—研讨方案—原因分析—分工实施—解决问题的学习过程。同时，基于园所之间的学习资源，教师通过外出观摩—回园分享—转化运用—亮点介绍等环节而进行可持续性的学习。

值得提出的是班级内部学习的效果与班长的个性、做事方式、管理方式有密切关系，也与教师个体生活中面临的关键事件相关。专制型、放任型的管理容易阻碍教师间通过有效互动而展开的学习，不利于集体经验的反思以及实践性知识的积累；而权威型和民主型的管理方式有助于教师间展开平等对话，通过观点和思想的碰撞产生集体的智慧和有效的行动，从而促进学习的发生与发展。

四、四季花开幼儿园教师个体学习——无奈与有为

当把研究的视野从整体转向局部，从组织转向个体，学习的多种状态和样式逐一浮现。

（一）职业生活中"学习"的无奈

对于幼儿教师而言，幼儿园日常生活中的学习在持续进行中。然而，从微观层面看，因学习的异化以及"学习"渠道的多元性，学习内容的丰富性、无限性而对教师自主空间的"精心组织"常常占据了教师的休息、调整、反思的时间，"过度学习"造成了集体学习中的困倦与疲惫；特别是在教师家庭支持力量有限的境况中，教师精力的有限性与学习内容的无限性之间产生巨大的阻抗力，由此而影响到教师整个的生活状态，更无从激发起工作中的创造性。

从中观层面看，幼儿园一方面面临着数量上的扩张，另一方面又迫切需要质量的提升，课程建设始终处于变革之中，为此，青年教师不断面临着岗位的调整与角色的重新适应，当班级成员因彼此的磨合期过长而无法形成合力，当幼儿园整体的安排无法与班级活动保持步调一致，当忙碌中失去思考的空间，特别是当家庭面临一定困难，个体的挑战便接踵而来，教师常常会处于消极状态。这种消极状态表现为焦虑、烦躁、思绪混乱，因此而与职业所要求的良好的情绪表现形成巨大反差。教师如果不能及时自我觉察和主动调整，便将处于个体发展的停滞期，对有意义的学习形成巨大阻力。

（二）职业生活与其余生活领域融通中的学习

尽管有无奈，幼儿教师的职业使命或是个体的追求促使个体的学习融于各个生活领域。家庭生活和职业生活中的学习相辅相成。幸福的家庭生活可

以为教师全身心投入工作提供根本保障,"带着家人的嘱托,我踏上了援疆之路"(为西南部幼儿园送教),而家庭育儿也使教师的师幼互动更具有专业性。"'动作那么难,那你还敢上舞蹈课吗?'话音一落,我立马意识到作为专业的幼儿园教师不应该这样问!女儿却一本正经地说:'田老师是我们舞蹈班最厉害的老师,因为她厉害我们才能记得住动作啊!'一番道理让我汗颜,我们真的很难站到别人的角度思考问题,但好在我给了女儿独立思考的空间和机会。"

职业生活使得个体的生活更完满。"虽然我把我的 2019 年分为教师、管理者、妈妈和自己四个角度来总结,但其实,我觉得它们是密不可分、相辅相成的,自我价值的实现会提高一个人的工作能力和生活热情;工作能力的提高会促进思维的发展,更好地处理生活中的问题;而生活的热情则让一个人更努力地追求价值的实现,这些方面融会贯通才形成了一个完整的人,才促成了一个人的成长。"教师的自我价值更多来自职业生活中的学习。

(三)从自我定位到自我实现的职业生活

教师在生活中逐步增进了自我认识、自我理解。这促使她们更加理性地进行职业定位、规划和自我实现。通过对教师的生活历史资料进行主题分析,发现教师在个体的学习中首先有明确的自我定位,"寻找""适应新角色""向往""创造""建立连接"成为关键词,教师"基于从幼儿入园到离园的系统思考而确立共同目标或愿景""研究与孩子相处之道"成为教师的价值定位,希望"从一名新教师逐渐成为一名班主任、年级组长、骨干教师、兼职教研员","我是大家的'孩子王',组织丰富多彩的活动,投入其中,和孩子们一起去发现大自然的奥秘;一起去探索科学的真谛;一起去感受艺术带来的奇妙感受;一起畅所欲言、欢呼大笑"。自我定位逐步转化为教师的学习动机,"为带给孩子更好、更多的力量而学习""因为家长的信任、孩子的奇思妙想而学习""因教育信念而学习""因家人的爱和幼儿的爱而学习""因有亲密的师幼合作——教师的构造和儿童的行动而学习""为实现正确的儿童观和教育观而学习"。因为有强大的学习动机，教师呈现"带着好心情""平静而又热情""高度信任幼儿""努力""享受"的学习心态，并且运用"发现学习""赏识幼儿""积极沟通""学习他人长处""生活中用心观察""梳理与反思"，借助网络（百度经验、快手APP、抖音APP、视频课、影像记录）和书籍等多种学习方式，如"整理几年来摸索出的点点滴滴，记录到小本子上"。教师表现出"勇敢挑战（尝试创新）""自信""笃信""充满勇气""积极面对""互相信任""克服现实困难""真实感受生活""传承与创新""平衡关系（各生活领域）""欢乐"等诸多学习品质。教师用"沉淀""积累""收获""感受""经历""长大""共同成长""朝夕相伴"表达日常生活中的学习过程。"我认真收集资料、写教案、备课，利用平时生活中的废旧物品制作教具，为此常常主动加班"，"向有经验的老师们吸取教学经验，并且将自己近几年来摸索出的点点滴滴都整理出来，记录到小本子上。此外，我又跑到书店自费买来大量教育教学书籍、材料，潜心研究，认真钻研，深入思考，从教学理论和实践上做着充分的入疆准备"，这里彰显了教师具体的学习过程。通过学习，教师"发现自己"，形成新观念（如"儿童文化建立的关键时期"），萌发出深厚的师幼情谊，感到"充盈""激情勃发"。

（四）价值引领的职业生活

幼儿教师日常生活中的学习是个体在特定的文化背景下开展的学习，文化中包含不同层次的价值观念、制度以及外显的物质环境。其中，价值观念深刻影响着教师的学习观念和过程。在五个生活领域，幼儿园作为教师生活的重要组织单位，园长以"和合"价值观引领教师的学习，协同创新项目注重提炼园级和班级层面主题活动的精神价值，因而形成"以自然为根基、以文化为线索、以幼儿的和谐发展为目标"的课程理念。这里的价值不是指人因对某物的需求而产生的价值，而是一种理想或精神。四季花开幼儿园的"和合"观作为中国传统文化中的核心价值观，体现的是中国人对美好生活或美好教育理想的追求，对现代人日益重视的幼儿教育品质的追问，因而对幼儿园的各项实践工作具有深远的指导意义。四季花开幼儿园园长通过正式和非正式的途径不断传递"天人合一""和而不同、合作共赢"的价值观，这使得管理团队和教师逐步在行动中发现并认同价值的力量，从而更自觉地规范自己的行为，提升个体价值判断的能力。

价值面向整个的生活。四季花开幼儿园的价值观不仅影响到教师的职业生活，同时也渗透到教师的其他生活领域中。在这个过程中，教师对价值的理解力不断提高，在某一生活领域实现价值的同时也创造着更多的价值，如家庭和职业生活的和合价值、个人生活和公共生活的和合价值。正当而美好的价值逐步影响到生活中更多的人，因而改善着教师生活的整个生态。

价值面向同一世界中的所有人。四季花开幼儿园幼儿教师拥有共同的价值追求。人际或代际之间对同一价值的不断传递，使更多的教师及其周围的人采取共同行动而争取价值的最大化实现，这个过程中蕴含着对新教师的培养及新教师学习的丰富契机，凸显了日常生活中教师彼此之间相互学习和教育的力量。日常生活中的学习不仅仅是个体与外部世界的深度互动，更是人自身成为人的过程。价值决定了人能成为什么样的人，而这正是学习的本质。四季花开幼儿园的教师正是在充满价值引领的日常生活中逐步实现自我的价值。

（五）反观自我且不断努力的职业生活

日常生活中的个体需要处理人与自然、人与人、人与自我的三重关系。价值引领使得三重关系具有明确的价值导向，这个过程是促使人的理性精神逐步提升的过程，使得人更好地面对自我、认识自我、引领自我、管理自我，这是个体与世界建立更好关系的基础。四季花开幼儿园"和而不同"的价值追求促使教师理解并运用"自我"与"他人"的不同，特别是每个人的优势（长处），在班级和园级的合作过程中使"优势"的发挥获得更大空间，进而促成个体风格的形成。苏格拉底在面向日常生活时，提示人要认真地审视自己，反思自己的生活，进而认识人生的目的。"人需要从自身出发去找到他的天职、他的目的、世界的最终目的、真理、自在自为的东西，人必须通过他自己而达到真理。这就是复归于自己。"[①]

教师个体学习中既显现出理性的引领与调整，又包含着不同的矛盾与冲突，正是在这里凸显组织与个体间的张力，也体现出幼儿园日常生活的有序性和复杂性。基于时代和社会发展背景来理解作为个体的幼儿教师和社会、文化环境之间的互动机制，即个体日常生活中的学习动力、学习过程与学习表现，将分别呈现在第四章和第五章，即对四位教师在日常生活中主体性逐步彰显的详尽叙述中。在此之前，首要的是明确阻碍教师学习和发展的因素并对其进行深度解读。

---

① 金生鈜. 无立场的教育学思维——关怀人间、人事、人心 [J]. 华东师范大学学报（教育科学学报），2006（9）：1-10.

第三章

幼儿教师日常生活中的"去学习化"及其原因

"日常生活"视角下对幼儿教师学习机制的研究

日常生活是个体日日要经历的生活,为了个体再生产和社会再生产的达成,重复性是其重要特征。人在"重复性"的面前往往受到"习惯"及思维定式的影响,容易失去对经历事物的敏感性和对时空的感受性;同时,复杂社会关系中的从众思维使个体抵制差异性,逐步失去独特性的思考和行动。现代社会的日常生活在经历大规模生产的工业化时代之后,日常所需的各种物品几乎都可以通过"网购"的方式获得,生活越来越便捷,生产的速度越来越快;教育作为日常生活的重要部分,也染上了"工业化"色彩,时间在永不停留地前进,空间仅仅限于"生产车间",人与人的关系简化为"生产关系",这不断强化着"日常生活"的同一性以及教育的"统一性"。幼儿教育作为个体接受正规教育的开始,幼儿教师面临的首要任务是幼儿在集体生活中的习惯养成教育。面对3~6岁的幼儿,日常生活中的"各项常规"需要反复提出并练习,直至成为幼儿不经意识努力而进行的生活活动。为此,幼儿教师在职业生活中付出更多的时间,每日在园时间常常为8~10个小时,严格遵循一日生活流程而照顾幼儿的饮食起居;班级管理制度下,教室是幼儿教师和幼儿共同的且最重要的生活空间,除去日常1~2个小时的户外活动时间,约6~8个小时的时间在固定的教室里度过。

在不断提升学前教育质量的要求下,幼儿园开展的业务学习逐日增多。班级创新型主题活动的顺利而有效推进,需要的不仅仅是新思路,更重要的是对幼儿的观察、相应的活动材料的支持以及安全、卫生、美观、适宜的物质环境的准备。因此,中午幼儿的午睡时间常常是教师教研、学习、制作活动材料的时间,这是幼儿教师面对的微观环境。21世纪,国人在现代化进程中加快了脚步,生活的节奏不断加快,人工智能促进了社会各领域之间的连接;与此相关的是国与国之间的交流日益频繁,这促使当下成为一个多元文化共存的阶段,相应的便是多种价值观的存在,因此对中华民族核心价值观的守护和传承也成为幼儿教师的使命。我们中华民族有着优良的文化传统,天人合一、仁者爱人等思想是世世代代不断发展的根基,然而优秀文化的传承、发展与创造不是一蹴而就的,需要经过教育的筛选与转化,根植于幼儿心灵,这是幼儿教师面临的大环境。在信息技术日益渗透于快节奏的现代社会中,为幼儿的生命成长选择并创造适宜的文化土壤成为幼儿教师急需解决的问题。

幼儿教师作为社会关系网中的个体,一方面经历着社会的变迁、文化的转型和教育变革的大环境;另一方面,生命时空局限于急需提升专业能力的日常职业生活中,几乎全部的精力都投入幼儿的健康成长之中,这样的日常生活往往阻断了教师对与生活密切相关的大环境的审视,禁锢了他们思想的不断更新,因此而使之失去了整体意义上的生活,造成日常生活的单一化、程式化、碎片化、无我化。

第一节　幼儿教师日常生活中"去学习化"的具体表现

"去学习化"背离了学习作为日常生活必需的应有之义，剥夺了学习本应赋予生活的整体意义，窄化了个体成长的时空，乃至使之失去了对自身应有的尊重。从一定意义而言，"去学习化"是学习的异化，也是日常生活的异化。

一、日常生活的单一化（关系视角）

日常生活的整体性是对个体生命完整性的尊重，对人的丰富的精神世界的推崇，然而，现代社会分工和对发展速度的片面追求导致日常生活的异化，使日常生活"祛魅"，其丰富性、多样性被单一性所取代。这里的"单一性"一方面源于社会的科层体制和现代生活的文化规定性，另一方面是被科层文化影响的人的思维方式的单一性，"一"表现在横向和纵向两个维度。从横向而言是方向的单一，从纵向而言是对过去、现在和未来间关系理解的唯一性。[①] 这种单一性的思维方式受启蒙时代以来主客二分的思维方式的影响，高扬了人的主体性，自然、他人甚至包括自己都处于被支配地位，这就造成了人与自然、人与他人、人与社会乃至人与自己的割裂。在这种思维方式影响下，人在日常生活中所有活动促使人与周围世界分离，"人被他自己的社会产品拖累，与自己分裂，与大自然分裂，与他自己的属性分裂，与他

---

① 马尔库塞.单向度的人[M].刘继译，上海：上海译文出版社，2014：1.

的意志分裂，最终导致去人性化。通过他们的劳动来维持这个社会的人们，不再认识这个社会了。人们的所作所为、所思所想都按照他们的属性而转移，然而，他们忽视了他们的所作所为和他们是什么。他们不能掌控他们自己的劳动成果和他们所创造的现实"①。

对幼儿教师而言，科层体制使幼儿教师处于被管理和被安排的基层，他们缺乏对整体生存环境的审视，因而也缺乏对"何以至此"的深度思考，这种行动和思维的惯习也使他们失去了对其余的生活领域的反思。反思是对动机的追问，也是对当下所做过事的重新评估，更是对生命的认识。② 因为对自己认识的缺乏而无从认识幼儿的内心世界，建立真正意义上的儿童视角，同时也无法因对幼儿的理解而回馈对人类生命的体察，做到儿童视角、自身视角和人类视角的理解力同步提升。

首先，单一性表现在对人与自然关系理解层面。人从其自然属性而言，是大自然中的一员，单一性的理解却往往忽视了人与自然和谐共生的关系。从原始先民世界到现代文明的发展是人逐步认识自然、改造自然的过程，这一过程在幼儿教师和幼儿共同复演的过程中，本来具有多位教师和幼儿的多个视角的认识，更有来自不同区域的多样的地方性知识以及不同历史时段的故事、传说、习俗等。这些不同之处是相互补充、相互吸纳和借鉴的，正如梭罗把除人以外的生命与人相等同起来，认为人与物是相互欣赏、相互为用、相得益彰、唇齿相依③，物体现人的需要、人的情趣……，在这里不仅显示出人与动物、植物、山水等的共存性，更体现出人的动物根性，这里蕴含着人的野性和本能的力量。这本应是幼儿教育的根基，而恰恰被严重地忽视了。

其次，单一性表现在人与人的关系的单一性理解。幼儿园中人与人的

---

① 列斐伏尔.日常生活批判（一）[M].叶齐茂，倪晓晖译.北京：社会科学文献出版社，2018：166.
② 刘旭东.人工智能时代生命进化的教育思考[J].西北师大学报（社会科学版），2021（4）.
③ 刘晓东.儿童精神哲学[M].南京：南京师范大学出版社，1999：90.

关系，不仅体现在班级层面幼儿和教师、家长之间的密切关系，园级管理层和班级之间、园级和园外人力资源之间的关系，更存在于人与人之间因主动连接而形成的各种关系。然而，通常情况下，后者常常被忽视，由此而使得班与班之间的自发互动丧失，使因人的兴趣、自由追求、心灵感动而产生的积极互动力量被理性的规划所淹没。幼儿教师常常感受到的是一种安排、一种选择、一种声音、一种规划、一种形象、一种展示、一种生活体验、一种文化样态。事实上，人与人的关系还体现在个体意识和集体无意识之间的关系。集体无意识是人类在整个的生活过程中沉淀下来的经验的集合，熔铸在人的心灵深处。来自不同家庭的教师和幼儿从小习得了不同家族的无意识力量，这样每一个体的生命关联着一个个生命系统，这层互动关系因其难以察觉而被事务性的纯粹工作关系淹没。然而，只有从这个层面理解人与人之间的关系，才会触及"人性"的高度，认识到人的生命的复杂性、精神的多层面性、行为的正反两面性，也才能产生更多的包容和理解，真正认识到幼儿时期的价值，真正在平等意义上尽己所能地与身边的人沟通与合作。单一性的理解使教师忽视了身边人的种种不同，因而也剥夺了他们走进他人（包括自己）心灵世界的机会，使人与人之间难以达至深度理解与互助。

再次，单一性表现为人与社会的关系理解。"社会是人们改造自然过程中形成的全部社会关系的总和。社会的规模和速度归根到底取决于生产的规模和速度。以机器生产为主的大工业生产方式发展的速度是迅速的。"[①] 社会的迅速发展使得作为社会重要组成部分的教育也处于迅速的变革阶段，使教育赖以生存的文化经历着转型。幼儿教师一方面需要基于幼儿的年龄阶段而选取适宜的社会文化资源进行活动创设，进而通过活动的实施而促进幼儿的发展，这个过程中经历着"主体客体化"和"客体主体化"的过程。具体而言，教师的价值判断、主观设计及教师之间的关系一定程度上决定着幼儿游

---

① 陈年达. 哲学与文化[M]. 北京：中国人民大学出版社，2016：243-244.

戏活动或一日生活的质量,这是"主体客体化"的过程。另一方面,幼儿教师也在园所及周边地理环境、精神环境中被动塑造自己的个性,形成相应的能力、地位,这是客体主体化的过程。这就是说,幼儿教师与社会的关系总是处于不断互动中。幼儿园生活是一种完整的社会生活。然而,多数幼儿教师常常是被动地适应园所生活,对个体的主体性以及通过主体性的展现而形成的实践活动的价值缺少整体性的判断和审视,也难以不断拓展各层关系,获得更完整的社会认知。进一步而言,幼儿教师对社会认识的片面性、静态性阻碍了教师自身社会关系的丰富,而只是单方面地对社会的被动适应和迎合,缺乏积极、主动的态度,不能够参与到更广阔的、有益于自身成长的社会活动中,这也在一定程度上影响了幼儿社会性品质的发展。

最后是对人与自我关系的理解。对人与自我关系的理解源于个体的自我意识。自我意识总是在与他人互动过程中或社会生活中形成和发展。幼儿教师的自我意识源于与幼儿、家长和教师群体的互动,但这只是构成幼儿教师自我认识的必要条件,其充分条件是对自我的生活历史进行梳理、反思、书写,其深刻性与对自己所处文化环境的理解密切相关,而人往往不经历跨文化生活便难以充分理解自己的生活,包括自己在长期生活中所形成的价值观念、隐性的规矩或原则及与外显的物质环境的关系。幼儿园的生活中,教师往往在固定的岗位上,职业生活的导向是观察和了解幼儿、精心组织活动,久而久之,对自己的体察和关怀淹没在重复性的劳动中;同时,也失去了对更广阔的社会生活积极参与的主动性,如亲戚之间的往来、社区里的庆典活动、各大博物馆的新展演等,而这与现代社会中"人的抽离化"的生活有关,因而也显现出现代社会发展中的新问题。人对自我的认识还需要具有整体性。这种整体性的认识来源于各个生活领域的融通并进行充分的互动,而事实是居家生活被商场消费取代,公共生活被私人生活取代。这使个体失去了认识自我的机会或空间。

二、日常生活的程式化（时间视角）

日常生活的程式化，一方面指日常生活中根据工作所需而形成的作息时间系统，另一方面指时间系统的僵化或不可更改性。这里涉及主宰时间系统的深层原因——因科学知识而形成的权力。如幼儿身体所需的"科学知识"以隐性身份而持有的权力，无意识中渗透到教师的思想深处。

幼儿园目前所依存的科学知识源自西方工业化时代建立的知识体系，中西方最新的研究成果、实践样态以及我国本土的文化知识，这些知识并没有完全经过及时的研究和转化，以多样的知识样态存在于幼儿园的生活中，而单一的科学知识霸权式地实行着对时间的控制，相伴随的是对教师活动的控制，它通过对教师活动之间的紧密安排，对教师固定动作时间的具体规定，对重复周期的有效检查来训练教师的各种行为方式、姿势、速度等。如：教师进园后便紧张地在教室、园门口、户外不停地往返；进入教室后，固定时间的固定活动更加严格。区域活动前、区域活动间、区域活动后所有的教师有着统一的行动；即使是在班级中，安排幼儿饮水、盥洗的步骤、如厕、户外活动的时间都有固定的节奏与速度，这是长时间实际操练的结果，时间越长，动作越熟练。久而久之，各环节之间的连接成为一种无形的控制力量，教师更加"自觉地"按照一日生活固定作息安排幼儿和自己的班级生活，直到重复性的劳动造成身体的某种疾病，甚至这时候都无法改变这种固定的作息时间。其中存在的隐性技术首先是"把时间分成连续的或平行的片段，每个片段应该在这二者之间建立一种尽可能直接的联系，相似、类比和相近的联系"。① 比如，幼儿园各个空间位置中相近的工作片段，权力就在这些平行片段中以一种很自然的、温和的方式运行着。其次，"根据一个分解计划——

---

① 福柯.规训与惩罚[M].刘北成，杨远婴译，北京：生活·读书·新知三联书店，1999：118.

各种简单因素的序列来组织这些细微过程,由简到繁把它们组合起来"[①];如把活动方案的设计规定为书写工作,除规定书写的时间、空间外,进一步训练着简单的姿势——手指的位置、腿的弯度、头部的动作,这是"有用动作的基本训练,也是对力量、技能、灵活性的一般性训练"。[②] 再次,就是"决定每一片段的持续时间,用考核作为结束。考核有三种功能。它将表明受训者是否已达到规定水准,保证每个人经历同样的训练,区分每个人的能力"。[③] 一般来说,对于年龄较长、经验丰富的老师,常规活动已经是熟练至极,重复进行便能顺利完成;年轻教师随着经验的积累,活动设计越来越程序化,直至成为无意识的习惯。当每个人都成为规范的驯服者时,检查的作用就发挥到了极致。最后,制定更细致的序列。这一序列进一步规定适合个人水平和资历的操练。所以每个人都受控于确定其水准或等级的时间性系列。如:制订各个环节的活动计划、活动进度……这样就促成了各班一种完整的、细致入微的常规分解动作。这种细致规定,使得权力可以在更具体的过程中实施更有规律和效果的干预。福柯认为规训方法揭示的是一种线性时间,趋向于一个稳定的终点,即"进化的"时间。所以"社会的进步和个人的创生或许是与新的权力技术相关联的,更具体地说是与一种通过分割、序列化、综合和整合而管理和有效地使用时间的新方式相关联的……由于有了新的技术,持续进化的'运动'趋向于取代重大事件的'宗谱'。"[④] 例如,教师主题活动的总结需在规定时间内遵照固定格式的书写来完成,即主题活动

---

① 福柯.规训与惩罚[M].刘北成,杨远婴译,北京:生活·读书·新知三联书店,1999:179.
② 福柯.规训与惩罚[M].刘北成,杨远婴译,北京:生活·读书·新知三联书店,1999:178.
③ 福柯.规训与惩罚[M].刘北成,杨远婴译,北京:生活·读书·新知三联书店,1999:179.
④ 福柯.规训与惩罚[M].刘北成,杨远婴译,北京:生活·读书·新知三联书店,1999:181.

来源、主题价值分析、可利用的人事物资源、主题目标（五大领域发展目标、精神文化目标）、网络图、活动思路表、主题活动实施——各阶段的具体活动形式、活动目标、活动准备、活动过程（包括活动实录）、小结、主题活动反思与总结——幼儿学习与发展、教师专业素养。这里也存在着书写技术的霸权。

传统节日是幼儿园活动的重要节点。"中国传统节日主要源于对时间的分割或划界，属于中国人原初的时间体验形式和时间直觉形式，表现为异质性、周期性、具体性、可逆性，是一种存在论的时间，是一种神圣的和神话的时间，其多半指向过去。"当把节日镶嵌在幼儿园固定时间、固定地点的固定活动中，它所体现的是同质性、直线性、抽象性和不可逆性，它指向未来，类似于机械钟表时间，也是一种"霸权"时间。由此节日也失去了他应有的历史厚重感。当教师利用各个传统节日组织活动而缺乏历史的反思时，"节日"只是线性时间中短暂而又普通的一瞬[①]，并不能刻印在幼儿的心灵深处。

三、日常生活的碎片化（空间视角）

日常生活的碎片化是指日常生活失去其整体性和内在的统一性。幼儿教师的日常生活是在尊重师幼共同生活的相互需求的前提下而展开的。班级内、外的教师正是由于共同促进师幼生活的质量而整合资源并密切合作。然而，片面追求活动的丰富性、新异性或者外在性的目的而造成教师生活的多个方向、多条线索，使他们失去充分的预设与思考的时间，使整体的生活变成一节节毫无关联的片段；教师之间也失去了深层面的互助。这种生活从根本上造成教师思维的非连续性、分散性、缺乏系统性、严密性以及思考的惰性。幼儿园教师的生活不是自己的生活，而是外在于生命的生活，服务于各层级组织的生活，被安排好的这样或那样的生活，失去了生活的"正当性"

[①] 黄治国.传统节日的现代性危机与日常生活批判[J].文化遗产，2018（3）.

和"统一性",这就是生活的"碎片性"。班级内的教师生活是这样,班级外教师的生活更是如此,正是靠这样一种"碎片性"的生活推动着幼儿园整体工作的运转,知道问题所在而无法展开更加有意义的"行动"。在这种情况下,以往"家国天下"、人和人直面相对的境界被一点点压缩,儿童成长的环境被桎梏于模式化、分散性的活动中。

与此同时,智能化社会的教育资源和学习条件已经或将继续获得极大丰富与改善,教育呈现出充分利用全社会资源以服务于人的发展的特征,这意味着,教育在价值和功能上要超越既有时空的限制,为生命开拓出更加广阔的生长空间,提供有力的条件保障。这迫切需要幼儿教师返回到完整的生活中,进而引领幼儿拓展整体性的生命空间。

四、日常生活的无我化(个体视角)

日常生活的单一化、程式化、碎片化使教师个体失去了对自我完整生命的充分理解,失去了与他人心灵的深层互动,因而难以提升自己的思维品质并拓展行动的空间。无"我"的实践中,经验的力量极其有限;无"我"的思考中,经验的积累无根基;无"我"的行动中,教育难以彰显人性的光辉,而是枯燥的劳动和单调的重复。"我是谁""我要做一个什么样的老师""我的期待""我的感受"只有在与家庭相联系的特殊活动中才能"显露",而回归到"正常的"工作节奏中,"我"又隐藏起来了。

究其原因,教师的"无我"首先源于自我时间的匮乏。快节奏的工作环境中,教师既需要着力于常规管理,又要在活动的内容和方式上不断推陈出新;一方面面临教育品质的提升,另一方面需要为更多幼儿接受优质教育提供机会。当前幼儿师资力量的紧缺,使教师往往身兼数职,疲于在不同的角色间转换身份。这使得教师自我思考、沉淀的时间大大挤压。超负荷的运转往往使节假日的闲暇时间成为"睡眠时间",失去了进一步拓展生活空间、提升文化修养的机会；同时，教师也失去了自我反思与总结、提炼实践性知识的时间。其次，"无我"源于教师空间的狭窄与固化。在幼儿园，教师没有自己的专属空间，仅仅在教室的某一个角落，三到四位教师共同占用一张小书桌，在这里录制视频、制作手工、布置环境、组织班会……除此之外，教师始终位于幼儿活动的位置。即使是幼儿园园级整体层面的活动，教师也是被安排于固定的位置，既没有自己选择的机会，也没有自己设计空间的权力。有限的物理空间难以拓宽教师的精神空间。再次，多元文化时代，教师生活境遇的多样性使教师有不同的外在追求，当教师难以主动运用理性思考和批判的态度、文化自信心来面对所处环境时，"功利之心"或是"盲从"便会渗透到教师的意识或行为之中，而这又进一步失去了自我规划与设计能力提升的机会。最后，事务性工作对教师专业性工作时间的侵占使得教师难以有更多的精力投入幼儿和活动的研究中，难以真正进入幼儿的心灵世界并提供极富价值且意义深远的活动内容。教师的"无我"化说到底是特定情境下对教育本来意义的遗忘与否定。生活是教育的源头，教育是生活的根本，没有正确教育观并为之践行的教师难以创造有意义的教学生活，难以引领幼儿身心的健康成长；其所剩只是"任务的完成"。这里没有自我对工作节奏的主动把握，对工作内容的自我筛选，对自我发展规律的自觉探索。失去自我，失去教师的"自我意识"与"自我觉察"，这使得教师的实践性知识难以被充分重视和挖掘，幼儿的自我理解力便无从进行针对性地培养，更难以深入。

第二节 幼儿教师日常生活中"去学习化"的原因

当前幼儿教师日常职业生活中的单一化、程式化、碎片化和无我化有深刻而又复杂的社会原因,然而教育者作为未来一代的引领者,幼儿教师作为人一生学校生活的第一任老师,需要尽己所能地以"积极学习者"的角色投入日常生活中,身体力行地引领幼儿。这需要幼儿教师对日常生活抱有警醒的态度。这里需要我们返回田野现场关注教师生活。田野研究中,研究者以外来者的身份对幼儿教师的日常生活进行多角度理解,利用"陌生者"因不熟悉而发现的"差异",同时也在逐步熟悉后来觉察幼儿教师有声和无声表达的心理诉求,以此为基础,探寻究竟是怎样的日常生活体验剥夺了教师的真实学习空间,其深层原因是什么。

一、去学习化:个体内外时空的不匹配

现实场域中,究竟是什么因素阻碍了教师的学习?教师经历了怎样的职业生活?为此,对所有的田野资料进行二次分类,即教师日常生活体验的积极维度和消极维度,对教师日常生活中表现出的负面情绪及言说的问题进行一级编码、归纳和整理,从中梳理出 8 个类属,每个类属呈现出归纳梳理后的具体表现以及田野生活中被研究者的深刻感受,这是书斋中解释和分析的基础。如表 3.1 所示。

表 3.1 幼儿教师职业日常生活状态的类属及维度

序号	类属	具体表现	（属性）解释	分析维度
1	亲密关系间的小声议论（亲密声音）	品质与品牌的平衡	内部沉淀和外部展示的平衡（大小）	人与自我的历史及不同生活空间的关系、人与组织的关系（近与远）
		新旧之间的传承	创新与继承的平衡（多少）	
		班级关系的不和谐	职业生活和家庭生活的融通	
2	活动密集、时间紧迫	深夜思考	白天忙碌	时间的控制（强与弱）
		来不及沉淀	高密度、快节奏	
		人歇脑不歇	没有时间边界	
3	"应接不暇"的适应	生儿育女后	生育后的再适应	人与他人、环境、社会的关系（近与远）
		频繁的人事变动	干部和班长调整	
		社会需求与课程变革	学位扩充和质量发展的需求	
4	基层的多条工作线	教研和科研的互不融通	科研的伦理——科研剥夺了教学的真实空间	一与多的关系（大与小）
		项目与各级培训的交叉	每个教师的多重角色	
		园级与班级的互动	大型活动和班级活动的冲突	
		事务性与专业性的牵制	专业时空的挤压	
5	言行习惯与思维定式	无意识的不良言行	教师自我观察与反思不足	人与自我、他人、组织的关系（清晰与模糊）
		随机应变能力的缺乏	规约与自由的平衡	
		开放性问题的有效应对	对幼儿思维方式的理解	

续表

序号	类属	具体表现	（属性）解释	分析维度
6	真参与和假参与	庆典中的疲惫	庆典前的准备 庆典意义的彰显	引领与被引领者之间的关系（大与小）
		科研的无效	成果的转化和推广	管理者和教师之间的关系（近与远）
		抵触与沉默	自上而下和自下而上的协调	
7	书写的控制	表格的规约	表格的整齐划一对独特思想表达的限制	书写技术和丰富活动之间的关系（贴切与背离）
		总结的形式化	总结的个性化	人与书写的关系（书写的价值——沟通）
		活动记录多而无反馈	无评价、无引领	
8	职位、职称的晋升与奖励（价值导向）	业绩的量化考察	外在评价与内在评价的平衡	自我与组织的关系 自我意识（明晰与模糊）
		个人奖励		
		管理的盲区	积极心理建设	

每一个类属的确定都源自对教师日常生活片段的整理归纳。8个类属中的核心类属是什么？类属之间是一种怎样的关系呢？在此，通过厘清故事线的技术来尝试寻找核心类属，进而再确定关联类属。

班级是幼儿园的基层单位，是幼儿园所有活动和事项开展的第一现场。幼儿园面临上级任务的完成、园外观摩和交流、园内培训和园外项目的开展、主题活动的推进、教科研活动等，各项专业和非专业事宜都需要调配班级教师完成；面临大班额的幼儿教师需要在不同时间内承担不同的角色，难以长时段地持续观察、识别、回应班级幼儿，更难以在此基础上生成并设计关联性的主题活动和区域活动；特别是面临家庭角色的变化、园内外不同部门任务的同时下达、活动密集而时间紧迫、管理角色的变动与适应、书写和视频录制增多等情形时，教师感到身心疲惫，难以静心反思并全力以赴地服务于幼儿的发展；进一步而言，教师所处的状况与个体秉持的儿童观、教育观产生错位时，教师因对自身发展阶段的认识、家庭事务的承担多少、工作状态感受、领导重视程度等的不同而采取不同的策略：或者在集体活动中以"人在心不在"的身份存在，或者在"亲密伙伴间"小声议论与交流，更可能的情形是对自己的不良言语习惯不自察和克制，难以主动认识自己的思维模式，工作的意义感下降。久而久之，教师难以具备与宏大叙事背景中课程变革倡导的"创新""文化品质"所需能力，也难以取得职称晋升需要的业绩。与此不同的是，年轻教师们在团员活动、庆新年自由活动、邀请新教师家长入园的迎中秋活动、有自由言说机会的教研讨论、网络发表的文字中展示出不同的才华，老教师们往往在自己擅长的活动和深度交流中显示出真性情和独到见解，这里深藏着教师们对生命的激情和敏锐的感受能力。关键问题在于起意于"大自然花园"的现代幼儿园中，在给予各种政策支持和学习机会的幼儿园中，如何才能使班级教师迸发出生命的活力？这里需要对以上的叙述进行概念化。这里呈现的是特定时期教师群体的故事，即外在的要求与教师真实生命所需的时空不匹配而使得教师不自觉地压制自我生命的活力。尽管这些教师的生命状态在其余的时间段获得不同程度的改善，但一旦再次遇到前述处境便又退回到之前的状态。因此，教师生命活力的显现与幼儿园的工作节奏（时间）和空间有密切关系，进一步而言，教师个体生命时空与外在时空是否相匹配制约着教师的成长。简言之，去学习化的根本原因在于个体内外成长时空的不匹配。这一类属不在上述8个类属之中，却能统领8个类属，即由这一核心类属而把8个类属关联起来。[①]

A 原因、情境：时间紧迫、适应不断、书写繁多

B 现象：假参与、难自察、小声议论

---

① 陈向明.质的研究方法与社会科学研究［M］.北京：教育科学出版社，2000：290.

C 干预条件：品质、传承与创新、反思、教学机智

D 行动/互动：应对策略

E 结果：生命活力的压制

在此基础上，自我意识的明晰与模糊、人与组织关系等的近与远、时间控制的强与弱、书写与实践之间的贴切与背离等各分析维度关联起来，形成模式。

当下，幼儿园以班级为基本单位，根据幼儿的年龄进行编班；班级环境主要以区域活动进行划分，以幼儿固定的一日生活流程安排日常生活，在常规活动进行的过程中，基于幼儿需求和环境而开展主题活动。在幼儿园教育体制逐步完善的过程中，时间和空间被进一步规划，教师的思考和行动空间逐步窄化，"一切为了儿童"的要求下，教师的感受以及对生命的关注失去了应有的空间，与此相适应的是幼儿在固定的链条中生活。如何能够打破班级之间的壁垒，如何能够以尊重教师的情感为前提开始一日生活，如何能够彰显幼儿的天性和教师人性的光辉，如何使幼儿园日常生活既是教师的职业生活，又是教师自主成长的学习生活，使二者回归一体，这需要当下的教师教育及其研究真正嵌入幼儿园的一日生活中，从改善教研文化开始，提升教师对自我、对他人的理解力，进而建立人与人互动的多重网络，弱化层级与班级之间的分界线，彰显人与人之间互动的精彩，进而更好地展现教师生命的活力，支架幼儿生命的发展。

二、实践性知识的消解：学科权力统辖一切

福柯拒绝把知识看作"单纯"之物，而是以一种对权力和知识的相互关系所进行的分析去取代。由工业时代的科学知识型到之后的文化知识型，其中经历一场权力主体由存在到消解的过程，这里将现代工业文化下科学霸权所形成的权力主体与"去主体"（权力主体的消解）做一对比，参见表3.2。

以更清晰地找到权力主体的隐藏性运作方法。

表 3.2　权力主体的存在与消解

科学与权力的主体	权力主体的消解
政治觉悟	自我意识
集中，精心组织的雕琢之物	分散，未经预演的即兴之作
普遍适用的主张或意识形态上的一致性	强调选择，自由表达，个别参与，个人自主，人格解放
他人的强制，自我的抑制	自由、解放
常规的假定	取消了认为某种价值或道德规范可以被证明为优越于任何另一种道德或规范的可能性
提倡指导或准则	提防着思想的一般性准则、综合性规范和指导性体系
寻求融贯性	喜欢多种现实
伟大人物	日常生活

　　权力主体消解之后，知识在生活和教育中的形态与运用将发生很大的变化。科学只是知识的样式之一，人类生活中，所存有的大量实践性知识、缄默知识、情境性的知识、常识等，将在教育中发挥巨大的作用。同时，时代的发展孕育了新的知识观——后现代知识观，它在对现代理性知识的批判中有一种新的价值取向，反映了人类对知识性质及价值的新见解。已有研究者把后现代知识观的内涵主要归结为三点：知识的建构性，即个体认识发生、知识获得的前提是存在于个体内部的已有的认知结构，这个认知结构是由社会和历史建构起来，植根于个体的生活世界；境域性，即任何知识都是存在于一定的时间、空间、理论范式、价值体系、语言符号等文化因素中，任何知识的意义都不仅是由其本身的陈述来表达，更是由其所位于的整个意义系统来表达；价值性，即任何知识都是在一定历史文化中形成的带有独特文化

立场特别是价值立场的概念和范畴,总是包含着一定的价值要求。① 后现代知识观认为,知识不是表象,真理不是符合,知识是没有等级和中心的聚合体;思想的目标不是真理,而是开发歧见、维护竞争和对话。后现代知识观对现代知识观关于知识的客观性、中立性、普遍性等进行了强烈的反思、批判与超越,强调知识的动态生成性、开放性、多元性、个体性和差异性。后现代知识观的这些特点决定了教师获得知识的过程既是一个主动建构、自主探索的过程,又是一个积极体验、自主发展的过程,同时也是一个持续对话、不断发现的过程。

知识观与教育观有着内在的联系。由这种知识观看来,幼儿教师所需要的知识是因教师自身所需去获取,包括各种各样的知识形式,获得方法也因人而异,不是单纯的书写和思考,而是在广阔的生活中去吸收各种知识营养,在生活的实际情景中去不断地创造。教师可以追寻各种知识的价值。如:艺术课的教师首先可以在大自然中获得对艺术美的体验,然后进行自身创作,这样不但可以让幼儿体会到艺术品的美好,更可以了解创作的整个过程,自己也成为"创作者"。所以,幼儿教师的生活是一种对完满生活体验的过程,而不是用书写、时间、空间的固化以及种种检查去复制生活的某种状态。与这种生活状态相对应的是个体知识,即运用实践理性或交往理性来追寻淹没在科学知识中的其余类型的知识,使之与科学知识具有同等位置并加以运用和发展。以幼儿教师主题活动方案设计为例,设计过程中运用到大量实践性知识,而这类知识常因学科知识的强权而被遗忘。

工业化时代所推崇的科学知识直接而深刻地渗透到学校的课程设置及教学中,这导致对课程知识的教育学属性的忽视。幼儿园的课程根据严格的作息制度而以区域活动、集体活动、户外活动、一日生活等来划分,新教师常

---

① 陈国庆.后现代知识观与语文教育的生活化拓展[J].江苏教育学院学报,2005(5).

常承担幼儿一日生活、进餐等环节的保育工作，而有丰富经验的教师承担各类游戏活动的指导和主题活动的推进；同时，不同的活动形式冠之以相同的备课形式和教学方法。这样既从内容上掩盖了知识内部的丰富性，又以统一的技术手段维护了单一科学知识的权威性，使科学知识的传授天衣无缝地取得"合理"地位；幼儿园的所有工作成为"有机联系"的统一体，形成一种由固定知识链条联合的隐性力量。与此相适应，教师成为固定位置上的被观测者，机械地重复相同的工作，而与生活实践相联系的个人知识被排挤。学者陈向明从行动研究的价值视角理解理论与实践的关系，提出影响教师发展的重要理论——个体使用理论，即个体的实践性知识，这种知识包括各个层面的知识，难以言明，更难以公开交流。①（参见表3.3）

表3.3 教师实践性知识分类

教育信仰	学生观、知识观、教育价值观
自我知识	自我概念、自我评估、自我效能感、自我调节力
情境知识	直觉、灵感、顿悟、想象力
策略性知识	教学基本功、学科知识、教学理论
批判反思性知识	批判意识、反思意识和能力

由此看来，与教师设计与组织活动相关的实践性知识的形成既源自于教师的自身因素——学习策略、生活经历、教育信念、自我理解与定位等，也形成于外部环境——社会文化生态环境、幼儿园文化环境。其中教师长期形成的教育信仰、批判反思性知识等在活动中起主导作用。

然而，幼儿园中"如果合理的强有力的知识被绝对化，一切存在都被看作在技术领域中，那么在解读中就会滋长出对科学和其他所有知识的迷信。

---

① 李峻.教师个体知识的叙事研究[D].西北师范大学硕士论文，2005.

这样，人既不能可靠地认识，也不能真正成为他人。科学只能理解事物最初的状态是什么"。① 如果幼儿教师没有把深厚的专业知识融入丰富的、互动的师幼生活中，便会失去生命间的对话、交流，师幼彼此的生活质量也难以得到提升。教师只有找到科学知识赖以运行的技术力量才有可能摆脱强权知识的统治，"只有当各种知识的状态保持一种必要的张力时，知识才能发展"。② 教师的实践性知识只有在丰富的生活中才能获得更充足的营养。实践中，学科知识是知识总体的组成部分，但不是全部。"学科知识的牢固地位却又很容易主宰教师的个人信仰、解决情境问题的能力……这种学科权力通过社会意志、幼儿园文化等因素在实践进程中的调和导致幼儿教师无意识状态下教育信念的形成"③，这就需要实践理性来平衡各种知识的地位，运用它来进行自我理解、自我解释、自我反思，用自我批判的精神摆脱一切工具理性的束缚，使人自由地与人相遇，使交往更充满人文关怀精神。④ 这样才能使教师的学习回归到日常生活中，并不断拓展其空间。

---

① 雅斯贝尔斯.现时代的人［M］.周晓亮，宋祖良译，北京：社会科学文献出版社，1992：118.
② 雅斯贝尔斯.现时代的人［M］.周晓亮，宋祖良译，北京：社会科学文献出版社，1992：118.
③ 耿涓涓.教育信念：一位初中女教师的叙事探究//中国教育：研究与评论，第二辑［M］.北京：教育科学出版社，2002：229.
④ 伽达默尔.赞美理论［M］.夏镇平译，北京：生活·读书·新知三联书店，1988：62.

第四章

田野中春春老师的生活叙事

春春老师来到四季花开幼儿园仅有 7 年时间。2021 年 9 月，在对她的日常教学活动和教研组中的一言一行经过长时期的观察后，我们进行了简短的约谈并在彼此期待的情形下进行了近 10 个小时的生活历史访谈。前 9 个小时中，春春老师从自己的出生开始谈起，对深受父母影响的幼儿园、小学、初中、幼儿师范学校，乃至工作后每一年的生活进行了详尽的讲述，中间夹杂有春春老师自发的断续的反思与讲述线索的澄清。如对工作后的"重要他人"——夏夏老师、冬冬老师、秋秋老师，她有意识地梳理出一条线索，并且对最关键的影响者从相识、熟悉、有力的支持和引领到最后分别的整个过程进行深度讲述。这种讲述在研究中具有重大价值。一方面，作为"局内人"的视角，与局外人视角下的分析形成鲜明的对照；另一方面，冬冬老师、秋秋老师和夏夏老师作为她职初的三位合作伙伴或重要他人，为一个场域内非正式组织中学习的研究提供了重要资料，同时对这三位教师一定阶段的生活史资料进行了极其有益的补充。

　　在生活史访谈的最后阶段，因春春老师对作为研究者"我"的生活史持有的兴趣，故用 1 个小时的时间对我的生活史进行了相对简要的讲述，借此而对彼此职业生活中思想成长历程展开了更为深入的对话，这促使研究者更深层面地捕捉到春春老师思考问题的角度和方法，同时也对自己的生活史能够系统反思，并作为研究中的重要推动力量。

第一节　家庭与学校之间的互动

一、生命的不易

春春老师的父亲是北京人，出生于 20 世纪 70 年代，是家中唯一的男孩，有三个姐姐和两个妹妹，成长中得到了姐妹们的诸多照顾和帮助；作为儿子，他深感母亲的不易；加之母亲的早逝，便一直对母亲抱有深深的怀念之情："父亲在生活中，随性而善于交际"，自认为多有"贵人相助"。春春老师的母亲是天津人，为家中长女，比父亲小六岁，做事有计划、重规则；怀孕后便辞职回家，怀孕七个月时因为偶然因素而导致早产。父母在家族人的帮助下，四处寻医找到了救命的营养液，春春老师才有幸得以生存。在 20 世纪 90 年代的计划生育政策下，春春老师是独生女。生命的来之不易使父亲和母亲对她身体的健康予以更多关注，而并没有在重视各种兴趣班的早期教育大环境下，给予童年期的春春老师更多的压力。

从春春老师出生开始，父亲成为这个弱小生命的忠实陪伴者，与母亲共同照顾孩子的饮食起居，共同提供良好的语言环境；父亲由于工作中的自由时间较多，而承担了更多的养育和教育责任；这个过程中一直以"儿子"作为对春春老师的称呼。

由此看来，生命之初，春春老师因出生时的生命危机而使父母增强了保护生命的责任感；父亲超越了自己原生家庭中男性文化的诸多限制，对女儿的成长尤其关注，以父性的力量、智慧及整个大家族姐妹间相互帮助的和谐关系而深刻影响到春春老师的早期成长环境。父亲在家庭教育中的积极参与不断增强了母亲的教育意识。春春老师的记忆中，母亲经常在早晨醒来后为自己播放幼儿故事，这使得她童年早期显现出极强的语言表达能力；母亲在家中对春春有严格的规则和要求，如称呼长辈一定用"您"等，而在公共场合则对女儿不断赞赏和鼓励，这使春春老师对自己有足够的信心；住在姥姥家的生活也丰富了春春老师人生早期的多种体验。

  父亲与母亲教育行为中的相互助力与理解、两个大家族的生活空间为春春老师的成长提供了核心力量。春春老师的记忆中，父亲对母亲宠爱有加，良好的夫妻关系使得他们对春春老师的家庭教养保持了高度的一致性——尊重女儿并且共同在家庭养育和教育路上不断探索适宜春春老师的成长之路，"平平安安长大"，"不期待学习上多么好或取得什么好成绩"，尽可能为她提供快乐的成长环境。正是在这样一种期待下，父亲开始为春春老师寻找理想的幼儿园。

  父母亲的养育意识实质上赋予生命成长一种自主的力量，同时也使春春幼小生命的本能力量得以发挥和拓展，进而使整个的生活成为春春老师成长的大空间；同时也在无意识中"赋予"学习以本意，摆脱了90年代大众生活中对学习意义的窄化。从这个意义上讲，"出生中的危机"、生命的存在重于一切的力量超越了那个年代惯有的意识与方法，这实际上是对特定时代文化局限性的超越。父母本能的爱以及对家中老人生命逝去的体验使得这种力量持续存在，并不断伴随春春老师的后续学校生活、职业生活和社会生活。

二、幼儿园的幸福生活

  由家庭进入幼儿园，父母要把孩子整日托付给幼儿园的教师，孩子也必将经历新环境的适应，融入更大的生活空间。"希望孩子平平安安、健健康康长大"的父母开始为春春老师选择幼儿园。父亲在工作中遇到一位值得信任的园长，认为这位园长所在园是可以安心托付的一所幼儿园，于是便比较顺利地为春春老师赢得了一个良好的早期成长环境。同时，他也更尽力地履行父亲的职责，不仅每日接送春春老师，而且在寒冷的冬季值班时带孩子住在单位，细心地为春春用小时候姥姥做的小垫子铺床，把她的每件衣服洗得极为干净，至今仍保存完好。幼儿时与父亲的长期相处，对父亲印象中的"厉害的社交能力，父亲到任何一个新地方都能迅速地与愿意与他交流的人打成一片""恋旧"潜藏在春春老师的记忆深处。

父亲精心选择的幼儿园给春春老师带来了美好的童年生活。在这里，"大夏天吃西瓜和冰棍、小米粥里泡鸡蛋、茴香馅饺子；一进门的大院子和落地窗，院子里的树和大滑梯；和好朋友在窗前的桌子上玩游戏等"构成春春老师对幼儿园的完整记忆。在这里，春春老师的性格渐渐发生了变化，从胆小变得更勇敢，由安静、不太爱说话而变得更喜欢交往。

父亲的选择及幼儿园的美好体验为春春老师职业生活中的角色扮演及身份认同奠定了坚实的基础。幼儿教师早期的生活体验是专业教育无法替代的人生经验，常常深刻影响着教师的职业信念和自我职业形象的建立。人生的单行线上，父亲更多的付出为春春老师赢得了良好的早期社交生活经验，身体力行地展示了交往的方式与意义，这以习得的方式传达给了春春老师，同时，展示出家园共育的价值，特别是父亲形象与全是女教师的幼儿园的合力教育的价值。父亲对母亲的理解及对姐妹情谊的体验中所获得的"共情能力"，为他对女儿的养育和家庭的经营提供了无意识的行为方式，大家庭中的交往为春春老师社会生活中的交往奠定了观念基础，也为她赢得了更好的学校和社会成长环境。

幼儿园是幼儿成长的"花园"。花园是百花盛开的地方，幼儿园也是幼儿丰富且不同的个性充分发展的地方。幼儿园的自然环境孕育着良好的人文环境，自然和人文的合一，即天人合一为幼儿身体和心灵的发育和成长创造了良好的环境，为幼儿日常生活中的学习提供了丰富土壤，吃、穿、住、用、行都蕴含着学习的契机。从这个角度讲，家庭自然也成为幼儿学习的重要场所，父母的一言一行是幼儿学习的重要资源。始于家庭日常生活中的学习，幼儿园为幼儿提供了全新的学习空间，这里的一草一木、一事一物都是幼儿学习的对象；优质幼儿园教育就是使幼儿的成长复归于生活的本意。家庭和幼儿园的不同教育氛围丰富了幼儿的生活体验，而二者建立在各自差异性基础上的共育理念和方式有助于幼儿全方位的成长。春春老师父亲带着源于自身家庭中的教育经验和观念送春春老师入园，在每天的接送中，与教师有意无意的沟通中使两种力量相互流动，进而使春春老师生活于多种教育力量合一的环境中，促成了她完整而又美好的体验。

春春老师的幼儿园生活处于世纪之交。新千年的到来，幼儿园的课程逐步从学科课程转向活动课程，区域游戏已经成为幼儿园重要的活动形式。春春老师记忆中的"和好朋友在窗前的桌子上玩游戏"便是区域游戏。区域作为幼儿日常生活中与好朋友共享的一个空间，其价值在于还给幼儿自由表达与表现的机会；幼儿在自主选择伙伴、游戏内容的过程中彰显个性化的能力。传统建筑中的院落与先进的落地窗设计的融合，为幼儿创设了独有的视觉空间体验，四季和节日交替中的饮食则提供给幼儿丰富的味觉体验，借此，一个园独有的生活方式便镶嵌在幼儿的记忆中，成为她成长的阶梯，为步入新阶段的集体生活而建立起人生之初的信心和调试能力。

三、小学生活中的转机

对春春老师来说，学校的生活中始终存在父亲的介入与支持力量。小学是父亲在经人介绍后跨区选校、交赞助费后进入的。父母一向持有的不因学习而增加压力的观念和行为，在潜移默化中影响着春春老师的学习态度。春春老师的学习成绩处于中下，再加上有男同学的"欺负——揪辫子，戳我招我"，她认为这个阶段"并不美好，性格就软软的，性格内向"。然而，小学的重要意义不是只看成绩，也体现在与当时的同学与玩伴结下深厚的友谊，成为以后长期的好朋友；父亲积极介入学校班级教育也给春春老师的处境带来转机。父亲在接送春春老师时，常常与家长交流，这使得春春老师的同学认识父亲，并把她在班级"受欺负"的状况告诉父亲。得知这种状况后，父亲立即找班主任和数学教师询问情况，并希望及时调整与改善。父亲坚决的态度使班主任不再仅仅因数学成绩的好坏看待春春老师，而开始积极配合家长。此后，父亲听取语文教师的教育建议，特别重视春春老师的写作，并常常带她到公园、博物馆等地游玩，回家后引导她把所看所想记下来，这样的写作习惯一直持续到职后生活中。

小学阶段的儿童感知觉、记忆、想象逐步从无意识转变为有意识，且更关注现实生活；与此相伴随的是情感世界越来越丰富，思维能力处于发展的关键期。这一阶段，春春老师在情感生活中经历了挫折而又不敢告诉父亲，正是父亲良好的人际关系使他关注到了春春老师在学校中的处境，并及时与教师沟通，化解了她不良的情绪、情感体验。更为重要的是，父亲有意无意的对作文的关注而触及了小学阶段思维发展的核心——独立思考并及时表达，在得到教师的建议后积极采取行动，在游玩中丰富春春老师的见识，并帮助她把真情实感通过及时记录而表达出来。这增强了春春老师学校之外的美好体验，在"大自然、大社会"中获得了真知灼见。小学阶段的儿童处于具体形象思维向抽象思维过渡的阶段，感知觉的丰富体验有助于思维能力的发展，此时读万卷书不如行万里路。父亲所带领的"游学"对春春老师思维的发展至关重要，同时也激发起她对读书的爱好和对社会的关注，而"行路"和"读书"一直伴随着她的成长。

正是父亲的校外引领使春春老师在家庭、学校和社会中获得了整合性的成长力量，使学习发生于广阔的生活中。面对生活中的挫折，春春老师学会了勇敢的沟通与面对；在父亲坚定的态度中，具有教育权威的教师不断改变着看待学生的角度和方式。父亲以自己的人生阅历和有效的家校沟通方式形成了对学习的自我见解。学习需要积极的情感，更需要经历与体验，然后自然而然地形成有效的交流和自主表达能力。这样的学习观克服了工业化时代影响下学校学习的狭隘性，是学校学习不可缺少的补充和延展。这里日常生活中的学习没有受到现代化社会科层制的深层影响，时间上遵循了自然的节奏，空间上具有广阔性，并伴随有父亲和女儿对生活的真实感受与相互交流；父亲的态度和行为成为春春老师后期成长历程中克服学习和工作异化的核心力量，使她能真诚地面对自我的感受和思想。

学校教育因时代的发展而有种种制约性。然而，父亲所关注的是春春老师生命的来之不易及她应该感受到的世界的精彩和成长的力量，为此，他的整个的经历、观念与学校教育保持了适度的张力，而不是步学校教育之后谨小慎微地向前走。整个的过程赋予春春老师面对环境的辩证思考能力，从适应走向改变；不惧怕不同于大环境的个性化的选择和判断，但又能和环境中的个体保持良好的关系——对友谊的不断呵护。

四、新阶段的期待

正因为小学"不美好"的经历，春春老师"默默祈祷"，期待初中的新生活。升入初中后，春春老师建立起良好的同学关系，也赢得了数学老师和班主任老师的认同：她们不以成绩评价学生，因春春老师做事细致而委派她卫生委员职务，并不断鼓励她，尤其尊重春春老师的内心感受。这使得她开始更加认真地面对自己，思考自己的选择——放弃了以数学的"题海战术"来取得进步；特别听取了物理老师所说的"初三的压力有点像高中，如果现在接受不了，就可以不选择高中"，这一建议使她选择了不上高中的另一条出路。"条条大路通罗马，如果它通向的是最终你工作的状态、你工作的方向和路径的话，那么不一定要上高中、上大学才会指向我未来的工作"，于是她选择了跟别人不一样的路。

初中的春春老师处于生活的主动状态,在自己谋划和观念形成的过程中也取得了父母的支持。父母对她的成绩没有要求,而是要求她在10点前睡觉,并且更注重"规矩——不能顶撞长辈,不能跟妈妈生气,不能任性过头等生活细节"。随着春春老师年龄的增长,父母也逐步改变教育的方式。起初,父亲由于工作角色的扮演而在家庭中也对春春老师表现得过于严厉,而后开始意识到孩子有些惧怕,于是便"有硬有软",加以解释。这使得春春老师的情感得以表达,"软下来那一刻,我就会觉得其实我没那么大错,你怎么认为这么严重、这么认真、这么严肃、这么上纲上线那种感觉。委屈全都喷涌而出,我就得哭一鼻子啊,然后他再哄我"。

父亲经常找春春老师聊天,喝酒之后会把人生的阅历和感受讲给春春老师听,并且了解她最近的状况,同时也不再"攥在手里,该放出去的时候也放出去",然后春春老师想做什么的时候就会被允许去尝试。"父母的度把握得特别好,该管的时候管着,该惯的时候惯着。"母亲不仅支持她不上高中的想法,也帮助她谋划出路——通过朋友了解到北京幼儿师范学校,不断鼓励春春老师尝试,并且多层次报志愿。结果是春春老师在放松的心态下顺利通过了面试,因为对孩子的喜爱而坚定地选择北京幼儿师范学校。

初中阶段,春春老师步入了青春期,有了一定的独立意识,思考和判断力逐渐成熟;同时情感也更丰富,喜欢获得他人的认同。恰恰在她对初中生活美好关系的期待中,同学、教师以及父母给予了适时的评价和鼓励、情感层面的疏导、行动上的支持。教师和父母共同地关注她学业之外多方面的发展,而她也善于解读他们传达的观念,结合对自己的了解——不愿意承担学业带来的更多压力而做出不一样的选择。

在春春老师幼、小、初的学校生活中,都伴随着父母倡导的身体健康、规矩养成、主动表达与沟通、性格完善等比学业更重要的成长观念。这也深刻影响到她对自己学校生活的期待——良好的人际关系以及他人的认同感。在认同中,她更加自信、自觉、自主、自强并态度坚定;因为小学阶段负面的情感经历而使她对未来的生活有更多的期待,"期待"这样一种积极情感成为她生活中的重要力量。父母丰富的工作经历以及不断变化的教育方式,使她面对生活的多样性而能够变通地做出选择,不固执于"唯一",并且敢于情感层面的自我表达与疏导、以放松的态度迎接一次次挑战。

在初三面对升学的高压下,春春老师自主地选择并向父母传达了自己对未来的期待,父母没有因从众心理而拒绝她的想法,积极通过朋友为她寻找不一样的出路。这个过程同小学阶段父亲的介入一样,使家庭的整体力量与学校教育力量并行,相互支持,其交叉点便是春春老师的身体健康、积极感受、自我判断和选择。父母持有的积极关系建立观念深刻影响着春春老师的学校生活观念,而这对于她的职业生活和社会生活至关重要。

面对春春老师的人生重要转折点,父母把关注点指向生活规矩的养成、自我观念的确立等。这也凸显了家庭教育力量的强大,突出了家庭生活在春春老师日常学习中不可替代的位置。在春春老师的人生历程中,更多显示出整个家庭对学校教育的理解——学校教育是她成长历程的一部分,家庭和社会生活更是她学习的重要场所;人际交往、规矩养成、观念形成、面对大环境的自我判断等具有更重要的价值。

五、幼儿师范学校的选择和新生

春春老师认为北京幼儿师范学校的生活对自己的影响最大。首先是源于她对人际关系的重视和经营——宿舍关系、好朋友关系、师生关系、同桌关系和对自己生活的个性化安排;其次,春春老师细致讲述了自己的"升职之路"——从"晚自习"委员、历史课代表、学习委员、团支部书记,最后进入学校团委;再次,她能够从学校管理的角度深刻理解晚自习生活、宿舍生活、专业培养、合唱团比赛及班主任支持下的晚会策划的意义；最后，她全面反思了父亲对自己的深刻影响。

幼师阶段，春春老师开始住校。宿舍内部的关系、朋友的关系、同桌关系以及独自一个人生活的安排交织在一起。她既能够保持宿舍内的和谐关系，又能够在不断磨合中与好朋友、难以相处的同桌形成默契关系，同时不失对自我生活方式的喜好与个性化按排。这个过程中，她首先尊重了自己的兴趣及时间安排方式。为了利用来回上下楼的时间看书写作，她不同于同龄人的结队而行，一个人吃饭、一个人弹琴；为了消除好朋友对自己特立独行的误解，她运用发短信的方式向好朋友不断解释和交流，这使得友谊一直持续到工作以后，彼此间相互信任和理解。既尊重自己喜好又理解朋友内心世界的能力、积极沟通的品质使她与"留级生"同桌从开始的互不接受，到彼此相互认同，并赢得了更多同学的理解。

> 同学们看她的眼光，极不同于对普通的同学，毕竟她的个性挺张扬的。但是那会儿我就察觉到那是一种自我的保护，她是一个单亲家庭的孩子，可能自尊心也比较强。……但是她挺有天赋的，听音听得特别准。她是学扬琴的，可能从小也有这方面的基础；视唱练耳特别难的课她的成绩也特别好；她身体柔韧性还特别好，拉筋也不怕，舞蹈就特别好；明明是一个学霸，每天吊儿郎当的，然后跟人家称兄道弟，每天不正经。
>
> 我那会儿是一个特别正经的人，看不上她以前就皱着眉头，但是我也没办法，我们俩先后分别去找老师反映想换座位，也没被同意，说你俩还得这么坐。
>
> 我觉得班主任高明的地儿，她就挺能拿捏得住我俩，可能知道我也软，我怎么都能接受。……但是磨合好了之后，她就会挺依赖我的，然

后挺认可我的，她柔软的一面，小女孩的一面，撒娇的一面就会展示在我的面前，慢慢地跟同学们相处得也越来越好。（LFH423）①

与春春老师的交往能力相伴随的是班主任和历史教师对她的喜欢与信任，并在逐步了解她的过程中，逐步给予她更多的机会与平台。从一开始的晚自习委员、历史课代表到被选任为团支部书记，她都能认真地完成各项工作，组织好自己的团队；然后，在学校级的团委中获得更大的成长平台，利用自己的特长组织合唱团获得优异成绩，成功策划班级晚会、主持校级新年晚会。班主任不断地支持她各方面的发展。

这个阶段，春春老师通过每天给父母打电话的方式与父母沟通，分享她的收获，并使父母渐渐消除了担忧——父亲下班时常路过一个同级别的学校，看见有学生染头发、交男朋友、抽烟等行为。父亲的这种顾虑促使她更加主动地安排生活，并不自觉地从管理的视角来审视自己的幼师生活——统一的晚自习、宿舍卫生和内务的严格考评、专业技能课和文化课的高要求与严标准以及丰富的社团生活、市区级的多类竞赛。对于春春老师的幼师生活，父母采用间接的方式交流观点、连接情感，不断丰富春春老师看待问题的视角和方式。同时，从未给孩子学习压力的父母开始享受春春老师获得奖学金的"成就"，欣喜于她的表现，并及时给予基于理解的正面评价。这样的沟通中，春春老师更加理解自己和他人，也从父亲那里获得了一种共情能力。

杜威认为家庭、学校、社会组成以个体为核心的三个同心圆，个性是在不断跨入新的环境中逐步形成的。春春老师从父母要求的规矩中理解学校所立各项规矩的必要性；从幼儿园开始进入合唱班而持续到幼师学校，有机

---

① "LH423"及后面相同的符号表示对原始资料的编码。"编码"是质性研究对资料进行分析的初始环节。

会被选入声乐特长班；从中考时母亲的鼓励中，继续以"试一试"的放松态度逐一实现目标；对人际关系的重视和对他人情绪的体察赢得了友谊和同学情，被班主任认为是"可塑之才"；对于教师和领导安排的工作，她即使不是很愿意，也明白"得干好、要干好、能干好"，以团队之力努力做好；步入"更高一级的组织"后调整状态、面对新环境，"敢说敢干放得开，学会与领导级的人在一起表达与做事"。由此可见，春春老师人生早期积淀的交往意识和能力、敢于做出不同于常人的选择能力等使她能辩证地理解自己和自己，自己和同学、朋友、领导及父母的关系，进而更好地提升处理自己和不断变化的环境、情境之间关系的能力。这种能力源自家庭整体力量的持续助力，这也使得学校教育的价值最大化，让春春老师充分享受到集体的强大力量及荣誉感，这里蕴含着个体与集体之间辩证统一的力量。

15~18岁的年龄，当多数同学面临高考的压力而投入紧张的学习中时，她在幼儿师范学校自觉地探索如何处理好自己和他人的关系、如何既满足自己的喜好又能够根据教师和学校的引导、严格要求完成角色任务，并且在市区级的展示中达到自我实现的价值。这是基于学校日常生活的学习，是一种超越管理体制的学习，是一种源自日常交往的学习。这样的学习促成了春春老师辩证思维能力的发展，形成了她对生活的真挚态度。

第二节　职业生活中的改变与超越

一、成为一名幼儿教师

对于职业，春春老师有一个独特且具有整体性的理解，她认为每个人从幼儿园到学校生活结束都是一个共同的轨迹，但工作以后就会有更多的选择和指向性；与接受学校教育时间相比，工作时间是几十年，"在人生里占的比重很大"，这样的理解使她尤其关注工作的选择和工作的状态。

幼师生活中的交往、良好的人际关系及父母提供的支持使她在偶然的机会中遇到自己的工作单位。幼儿师范学校的体育教师与以健康教育为特色的四季花开幼儿园有联系，而体育委员就是春春老师的宿舍成员，于是在招聘的双向选择会之前就有机会参加试讲。四季花开幼儿园所处位置与春春老师家庭所处区域不同，也不是她一直向往的幼时就读幼儿园，但在父母帮助收集信息和比较后，春春老师得知四季花开幼儿园是名园，年轻教师有很多发展平台，机会难得，抱着试一试的态度便去参加试讲；试讲内容与幼时母亲每天播放故事、在学校喜欢读书和写作有密切关系，她选择了语言领域的绘本活动，后请班长来帮忙磨课。试讲效果很好，在面试后顺利入选，同时引荐舍友，帮助争取试讲机会，后来俩人从舍友成为同事和持续多年的好朋友。

从美好记忆中的幼儿园生活到选择幼儿师范学校，再到选择四季花开幼儿园为工作单位，既因为教师、舍友和父母的朋友及时提供的信息，更因为父母有意或无意中语言表达能力的培养，同时离不开她在幼师学校不断拓展交际圈，主动接受多方面锻炼。春春老师的每一次人生选择的成功都源自父母、朋友的建议、成长史中综合能力的积淀；同时，她也积极为身边的人铺路搭桥，使自己处于一种良好的关系中。

父母在春春老师的生活中始终是陪伴者，每个关键时刻，都帮助她学会理性做出决定并抓住重要机会；父母从不把自己的主观意志强加给春春老师，而是通过请教专业人员给春春老师提供有价值的信息，帮助她在整体思考后做出自己的选择。这样的交流也使春春老师不断在积极沟通中展现自己的能力和形象。

二、重要他人的引领

春春老师入园的联系人——李园长（副园长）的欣赏和认同，不断助推她的成长；她先后所在班级的三位班长使她在不同阶段获得了最佳的成长机会，最终以自己的教育理念和思想带领班级合作者开始自己的"教育实验"。

李园长为春春老师从幼儿园管理层面提供了很多学习平台。首先是在职初期安排春春老师上观摩课，课后由专家和园内教师分层次点评；其次是不同阶段中安排春春老师观摩老教师和骨干教师所擅长的领域活动，安排"师傅"帮助春春老师磨课；再次，带领春春老师进行语言领域活动的研究，并推荐她参加园里和区里语言组的活动、"学习故事"工作室；最后，适时安排春春老师参加展评活动和班长竞选活动。李园长使春春老师在职业生涯初期接受了"学习故事"中的核心教育理念，并继续在语言领域活动中提升能力，为以教育理念和思想建设班级奠定了坚实基础。

夏夏老师是春春老师入职第一年所在班级的班长。"刚开始是实习期，每个班基本都是三个人，班长、班员、专职的保育教师，当时没有助教岗位，所以我就有点'游手好闲'，夏夏老师特别好，很柔和。"那个时候是春春老师自认为是上班最快乐的时候，"每天的重点工作是把教室打扫得干干净净，幼儿在食堂吃饭，不需要每次都端到教室；而且还有保洁阿姨打扫卫生；幼儿吃完饭，我只要送碗就好，工作量也还好"。除此之外，"我就跟孩子们玩，当时班里有一个特殊孩子，但我觉得所有小朋友都很可爱。到现在，孩子们的妈妈还会跟我联系，在朋友圈里评论，给我发教师节祝福的话"。这一年，春春老师也经历了班级两位教师参加的两年一次的第一届区级比赛——班级半日评优活动，即多位专家进入班级观摩区域活动和一节集体教学活动。"这个时候是我入职第二学期，本来需要轮岗，我当班员，但因为比赛我就继续是保育员。初带班，我也不想上课，夏夏老师很包容，她一直给我的态度都是没事，不会强迫我一定要怎么样，等我准备好再上。跟我同时入园的老师会被要求上课或者带班，我快乐了，但是进步的速度最慢，蜗牛似的，人家独立上课都没问题了，我的生活各环节之间还衔接不上。"

第一年结束后，冬冬老师成为春春老师所在班级的班长，一直合作三年。这三年，春春老师既认为是"很崩溃、特别有压力的"，同时又认为"专业的能力几乎都是在那三年沉淀和储备下来的，被锻炼出来的"。这个班是学习故事实验班，冬冬老师专业能力很强，有很多想法和创意。然而，"我刚从大班下来，没有任何小班经历，然后就马上转换一个说话方式去面对小班小朋友，而且那会儿全班36个小朋友来一整天，遇见了一个全新的我，崭新的我，就是一个最崩溃的状态，然后我就觉得很累，就慢慢扛，心想后边还有什么事过不了"。春春老师在班长的带领下组织了丰富的家长活动，并且被要求在图书区持续指导幼儿阅读，发挥语言领域专长，"从图书区活动方案的撰写和实施，到充分调动幼儿父亲的积极性——爸爸课堂中以高科技VR来讲恐龙故事，再到在全班讲坦克故事，结果一个区域的活动拓展为全班的活动，女孩子们也逐渐喜欢上坦克"。此后，冬冬老师给她更多做事机会。特别是进入大班，冬冬老师是"园里'一颗崭新的星星'闪闪发光，经常外出支教和讲课，我就给她挑大梁，挑起来了。慢慢挑着，我逐渐发现大班员应该干什么，大班员应该具备什么能力，怎么样跟班里的老师来协调分配工作，怎么样来帮助年轻老师，比如她产生一些情绪或者困难，怎么样来帮她调节和解决，都有我的思考和行动策略。然后一直到毕业做了很多精彩的活动，所以那会儿做活动的心气就起来了，很多教师都模仿我，做花草二维码、第一个夜宿班级等很多创新的活动。这主要是因为我们没有被一个什么东西框住"。

三年后，春春老师在选新班时交了一张空表，因此接受了一个其余教师都不愿意去的慧慧教师的班级。面对一位从别的园里新调来一年的教师，"我觉得不要去听别人说什么，不要去听别人对一个人的评价，我要自己去看、自己去听、自己去感受，我要形成我对她最客观、最理智的评价"。抱着这样的态度，春春老师主动跟班长交谈，缓解她的紧张情绪，"我愿意从头开始了解您，然后我也希望我们都怀着真诚的态度把这个班带好，我觉得我有信心"。渐渐地，她们在共同面对班级遇到的各种问题中相互了解彼此的成长经历。这位班长曾作为公司白领自学教育而考取研究生，她因对教育抱有虔诚的心态而进入幼儿园。这使得春春老师在一年的合作中更坚定了自己的教育理念，并逐渐形成教育信仰；同时与班长成为"忘年交"，后来与这个班的孩子们、家长们持续联系。

春春老师经历这三个班级后被推选，参加竞选成功而开始自己担任班长。她认为与三位班长合作的顺序恰到好处。她第一年在快乐的摸索中，积累与幼儿互动的经验；此后，小班、中班、大班完整的带班中在"高压"下创造性开展工作；入职第五年，充分发挥自己的判断力和共情能力，在与班长共同理念的指引下改善班级环境，建立起和谐、持久的关系。

三、从适应到改变

从 2019 年 7 月到 2022 年 6 月，作为班长的春春老师带领合作教师每日迎接并送走 36 个孩子。从申请担任班长到选择合作教师，从不愿意接受参加区级比赛到接受幼儿园安排，处处体现了她的自我设计与超前思考能力。作为有五年工作经历的教师，她因对家长工作有担忧而徘徊于竞聘班长时，自己决定把班级带成什么样子的心声促使她果断地采取行动。幼儿园干部告诉她"你不经历就没法有经验"，母亲也助推了她，"要想参加你就参加，因为早晚的事，很多事情你不能躲，只不过是时间长短不同，但是你早晚都会在这个位置上经历这些事情"。最终她成功应聘班长职位。

> 我的教育理念形成了之后，我就会有这个冲动，我特别想看一看在我的教育方式下，这个班的孩子会成为什么样子，它其实相当于一个实验，但是我特别想试一试，然后正好有一个人就把这个点给我抛出来了，推了我一把。（LFH6401）

> 就像我遇见冬冬老师一样，可能她在那三年给我的东西是别的老师要用更长时间才会获得的，但那会儿我自己觉得就是苦在前面了，我辛苦在前面了，但是未来我就会比别人更早拥有这些经验，拥有这些能力，我就会在未来的工作当中更得心应手，更能够驾驭。所以当班长也是一样，如果我早晚要成为这个角色，做这些事情，我不如走在前面。（LFH6402）

第一年，李园长安排经验丰富的老教师李慧与春春老师合作。春春老师认为首要的事是"把教育观念摊出来聊一聊，如果一致，方向就好定了，我们不会走偏的；情感上先建立起连接，再去做事，就更容易合作成功"，之后在班级建设过程中与李慧老师逐步磨合。特别是在疫情期不能见到幼儿时，她通过调查问卷了解家长困惑，制定每周套餐——周一生活技能，周二推荐育儿文章，周三进行文化互动，周四开展热点问题讨论，周五教师故事播报，这为三年的家长工作奠定了基础。

春春老师在小班关注的是亲密情感的建立，关于中班，她期待"幼儿与身边人有更多互动"，于是她根据孩子对足球和"花花币"的兴趣而因势利导地将之作为中班的主题活动，最终开展了与大班合作的足球活动，使自制的"花花币"在全园流通。这个时期，"孩子们获得对他人情绪、情感的感受能力，在与别的班级的教师和幼儿相处的过程当中，去了解、体会、体谅别人的感受和情绪"。春春老师也在面对性格迥异于自己的新教师，体会到了彼此之间的相互尊重，进而使教师们能以舒服的状态相处。

她们两个让我真正地意识到尊重到底是什么。我觉得可能之前我的状态和我的经历让我的心气太高了，就让我觉得自己就是主事人，谁都能被我改变了。第四年时整个班都被我改变了，班长都被我改变了，园里那么认可我，我觉得我的方式，我的这种积极正能量肯定会影响到人，结果我碰壁了。这让我幡然醒悟，我觉得我需要沉淀下来，我需要真的去倾听和理解身边的人是什么样的状态，以及他们真正需要的到底是什么，而不是把我以为他们需要的强加给他们。
（LFH6410）

面对园里的安排和干部的要求，她努力与班级自身的需求整合，并且以前期积淀的教育理念，如"学习故事"的核心精神说服干部；以班级整体的实力助推新教师发展。这样管理者"认可我，知道我在用理念、用我的方式在带这个班，所以她也在帮我摒弃和屏蔽掉一些外力的干扰和压力。我刚开始的时候没理解到这么深刻，天天抗拒，后来发现她也是向着我的，而且对我挺好的，慢慢地也体谅她，该配合的时候就一定尽力配合"。

园长很喜欢和春春老师聊天，并尽可能满足地开展活动所需要的条件。春春老师对于大班合作教师的选用有自己的思考，于是借机申请李慧老师持续跟进班级。园长提出的要求是再带两名新教师,"这不是困难"。于是,她整理前期注入班级的教育理念和实践经验后,主动提出培训年级新教师,带领她们成长。她先是赞赏新教师反馈问卷的认真态度,后根据个性化的实践过程呈现具体的操作方式。这样,她就可以把自己的培训设计通过全体教师的参与来实现。

对于大班"我在乎的就是学习能力的培养,因为毕竟幼儿要幼小衔接。我们不能在她们遇到问题时再解决问题,要开始有意识地给幼儿梳理和提炼其中的方法;因为当我能把方法提炼出来之后,幼儿才能懂得这个方法,会用这个方法,并可以在以后的学习当中去举一反三,他就因为拥有了学习方法而具备了学习能力。"

> 我想带给他们更多可以产生深远意义的、深远影响的东西。比如说社会交往能力,这种能力不会很具象,它很隐晦,但是它一定是你的心理品质,你的情感态度的基础。在这个基础上,他们才会具备社会交往能力、共情的能力、体谅的能力、换位思考的能力等等;然后语言表达能力、思维方式、学习方式,我觉得这些东西才是我想要带给他们的,而不是说我一定要做出一个什么活动,或者说我一定要带孩子们去体验什么过程。因为我觉得很短暂,而且它没有绝对,每个老师做出来效果的都不一样。但是我觉得其实不管是情绪、情感、态度,还是说思维方式、学习能力、学习品质,这些其实是相对固定的,如果我们都能意识到,或者说我们都能用适宜的方式去带给孩子们,它就会成为一种价值观去影响孩子未来的人生。(LFH0633)

春春老师从大班孩子的自主能力中感受到了小班和中班播的"种子"到了"开花"的时期,她期待毕业前的一个学期能够使孩子们具备面对未来小学生活的能力。她想使有限的三年成为一个整体,她更加以"虔诚"之心面对教育。

> 我觉得教育的力量就是你真的用心在跟孩子相处的时候,他因为情感而跟你更亲密,这样你才能激发出他本身就拥有的一些力量。如果是三年的情感,它会更深厚,它会更稳定。同时我也意识到时间是一个相对的东西,我觉得我能够带给他们的也就只有这三年。(LFH0650)

四、对自我的超越

春春老师在讲述职业生活的过程中,常不经意间流露出心灵感受和多种收获。在对这些表达进行要点提取、逐级分类、贴标签后发现10个类属。如表4.1所示。

表4.1 春春老师日常生活状态的类属及解释[①]

序号	类属	具体表现	整合号	解释
1	成长的神奇(奇特)	幼儿园幸福的印象 小学被"欺负",期待"初中生活" 独立意识和不断期待 不断塑造和丰富	10	读书和写作提高了自我理解的能力,进而发现成长的力量
2	转化	当你回头去想这个事的时候,带给你的东西会让你变得更好,让你更知道怎么去跟这个世界对话,跟身边的人相处	7、8	善于改变和转换,逼近事实的真实性,促成思维和情感的流动;尊重自己的节奏、判断而不压制自身力量;以自然状态影响身边人
3	真实流动	顺畅——没有让我有挫败,或者说过度的失望,没有让我怀疑过什么		

---

① 表格中的整合号指对"序号"中所指内容相关联性的合并,即"序号"中的"1"和"10"合并;"2、3、7、8"合并;"4、5、6"合并。

续表

序号	类属	具体表现	整合号	解释
4	独特（个性、独立、自我治愈）	有想法、想法的实现	6	个体和集体：尊重个体认知（判断、节奏），善于共情、集体感强、受人喜欢
		不认同并给出建议		
		我和自己相处，也投入于和别人相处的状态里		
5	受人喜欢	舒服的交往状态，正能量		
		真诚、热情、活力		
		能力、灵气、天赋、窍门、积累很多正面的评价		
6	"刚"、重情感	我的认知与判断、我的表达	4、5、6	
		个体和集体的认同、表明态度		
		集体一分子、教师的身份——爱		
7	改变	主动	2、3	注重精神的力量和思想的沟通，并通过言说和书写传达
		发现更多的相处方式		
		在乎我觉得重要的东西，存在的其余（职称等）不会更多影响到我		
8	自然	没有压制自己的力量		
		自己的节奏		
		能够判断出什么东西对我很重要；把自己的状态带给孩子，并让他们感受到		
		以自然状态与孩子相处，表情流露		
9	注重理念	真实情感流露并说明具体原因	10	
10	喜欢读书与写作	写信、对话状态、自我梳理与剖析、坚持原创	1	

经过类属关联，发现春春老师在个体与集体辩证关系的协调中，根据情境的转换和自我改变而发现了成长的神奇力量——精神的塑造和思想的积淀，表现出辩证思维的优秀品质。具体体现如下：

A 原因、境情：个体（自我）和他人（集体）关系的辩证理解

B 现象：独特性、受人喜欢

C 干预条件：转换、改变、读书与写作

D 行动/互动：自然呈现

E 结果：展示成长的神奇力量

在成长过程中，春春老师经历了焦虑、崩溃、抵抗等消极情绪，但在自我价值实现的过程中，"自我治愈"化解了所有的消极力量，而最终感受到的是来自他人和自己的深度认同，进而不断在"困境中突围"，同时也试图理解和"体谅"整个环境，而不失改造环境的决心和勇气。

五、教育生活的根基

在职业生活史讲述中，春春老师频繁地提到与父母的沟通及对父母的理解，她认为自己所受的家庭教育模式很独特："父与挺互补的，他们各自的优势深刻影响了我——对于一些我不是那么在乎的事情，我的态度就会很随和，就会比较偏向我爸爸。但是在规则、规矩或者说一些需要去遵循的做事原则上，我就一定要去遵守，这一点可能就随我妈妈。"春春老师也努力把"守规则"的观念传达给孩子们，她认为"在一个集体当中或一个大环境下，一定要有规则来维持秩序，只要这个规则是合理的，我就要去遵守；在理解规则，理解为什么有这个规则的基础上再去遵守规则。不能因为我想自由就打破共同制定的规则"。

不仅如此，春春老师认为父母的教育方式是言传身教，是无意识的教育。父母"自己说出什么就做到什么，做到了什么，就会告诉我要这样"；"分寸把握特别适度：该管你的时候管着你，要照顾你的时候也不能少了照顾"。父母把真实的生活境遇不断传达给春春老师，使她很小便接触到生活的难与易。她工作后便和父母一起承担经济压力。春春老师认为相比学校教育的专业性，这里无意识的教育是有意教育的基础，"你能带给孩子什么样的影响，取决于你自己是一个什么样的人"。

为了印证这些观点，分别对春春老师的父亲和母亲的相关资料进行整理、贴标签、归类，发现了不同的类属。如表4.2、表4.3所示。

表4.2 春春老师父亲日常生活中对女儿的影响①

序号	代码	序号	代码合并	序号	代码合并2	序号	类属
1	共情能力很强的人，所以我会觉得他把这种共情的能力带给我之后，就会让我想把这种能力也带给我身边的人	1	1+6+8+9+14+15+16：情感体察、表达、沟通能力和行动力	1	情感体察与表达	1	1+2+3+4：丰富的情感表达与理智判断而形成的个性品质和教育品质
2	不固执	2	2+3+17：变通、包容、善交往	2	1+2+5+6+7：个性品质		
3	接受小脾气、转化能力						
4	顶梁柱、确定方向	3	4+5：家庭角色——把握方向	3	3+4：价值定位		
5	大事拍板						
6	与奶奶的情感联系——奶奶很温和						
7	不认同爷爷对待奶奶的方式	4	7+8：价值判断				
8	奶奶传递的价值观						
9	特别照顾且理解妈妈						
10	随性、没有条条框框	5	10：个性				
11	立规矩	6	11+12+13：教育内容、方式（变化）	4	教育品质		

① 表格中第3列的序号是指"代码合并"后内容的排序。"代码合并"则指对第1列序号所标明内容相关联性的合并。第5列的序号则指"代码合并2"内容的排序，即有1、2、3、4项内容，这4项内容最后合并为"1"，即经过层层归纳与提炼出的类属，这是父亲对春春老师最关键的影响。

续表

序号	代码	序号	代码合并	序号	代码合并2	序号	类属
12	随着我的变化而改变教育方式，认为我的独立意识更强了，我开始有自己的主见了，给我选择的权利和机会，参考我的意见					1	1+2+3+4：丰富的情感表达与理智判断而形成的个性品质和教育品质
13	不是用从一而终的教育方式来对待我	7	7+16+17 品质：细腻				
14	我爸会提醒我，下个礼拜是他生日，我就会自然想到他要什么，如他想要一个高领秋衣						
15	家族的人很亲近，我姑姑们每年定期聚餐，谁过生日就聚一下，周末放假相约去郊区						
16	他很细腻，包括我的鞋都是他刷；为我买白色羽绒服后，袖子上都是黑的，他就拿水泡，然后拿刷子刷；工作上没有那么要强						
17	朋友中有影响力、说服力，大家尊他是"老大"，很有个人魅力，细腻，脾气好，包容人						

表 4.3　春春老师母亲日常生活中对女儿的影响①

序号	代码	贴标签	序号	代码合并	序号	类属
1	用对方能接受的方式交流观点	换位思考与观点表达	1	1+3+11+14：观点表达方式与情绪体察	1	1+2+3+4+5+6：有规划地管理家庭具体事项并促进家人间有效互动（表情和言语），进而转化为教育内容和方式
2	理财与消费：信用卡的使用	消费观念	2	2+5：财务管理和消费		
3	您的称呼，听取理由	有理有据的沟通方式				
4	注重生活品质：收拾得好	家庭物理环境营造	3	家庭环境		
5	攒钱规划 节俭：买有品质的物品	消费意识				
6	重思维模式、规则、习惯、不吝啬夸奖（认可）	教育内容	4	6+7+13：教育内容与方式		
7	家中严格要求，在别人面前夸（信心）	教育方式				
8	逻辑、条理性强、规划要做的事情和时间分配	做事方式和时间管理	5	8+10+12+13：做事规划方法与原则		
9	小脾气、任性	情绪表现	6	9+11+14：情绪情感表现与交谈		
10	解决怎么干的问题	做事方法				
11	任性	情绪表现				
12	遵守规矩，规则	做事原则				
13	大家都遵守，你就需要遵守	集体观念				
14	妈妈的表情和交流方式影响我很多，总会解释想法。对着狗"小皮你太帅了，怎么那么可爱，你这样不对，知道你肯定有原因"，狗特别依赖妈妈	表情丰富与交谈				

① "代码合并"列序号的相关解释见112页。

通过表格可以看出，春春老师的父母有不同的家庭分工，但都从情感和理性表达方面共同影响她；其中有父母自身个性层面的无意识影响，更多的是有意识的"立规矩、语言表达能力的培养"等教育行为和生活方式的影响。正是在父亲的自由随性与母亲的计划、规则之间，春春老师能够形成辩证的思维方式和做事方式，进而深刻影响到她职业生活中的教育理念和人际互动方式。

第三节 社会生活的丰富与深入理解

春春老师正是在父母、教师共同提供的成长平台中跨入社会。幼儿师范学校阶段,她开始与学校领导层沟通,参加市区级比赛,视野越来越开阔。18岁后,她开始有了学校之外的社交生活,喜欢离开家乡的旅行,对工作环境有了更为复杂和全面的理解;她的思想不断在变化中,希望通过改变身边的人来改变一种环境,这实际上是一种社会层面的思考和行动。

一、因一个人而注入的社会力量

"当个体行为介入外在事物时,他们行为所具有的创造性、主观性以及能动性等,能让个体成为生活的能动者而不是既定框架的束缚者。"[①]18岁的春春老师喜欢男神。她受同学的影响而观看"快乐男声"节目,认识了当时唱破嗓音的"白举纲"——他在比赛中被淘汰,回家时在河边捡到一张摇滚专辑,"没想到遇见'真爱'了,发现很喜欢,然后他就参加高考,开始在四川师范大学学习音乐;自己写歌并在学校参加选秀时开始创作,写了一首歌叫《乘着破船回家》","这首歌是写给陷入低谷的好朋友和自己"。春春老师所赞赏的不仅仅是白举纲摇滚版的演唱,更是因为他打破赛制规则而视自己为"最弱",这样做的后果是在"7进6"的规则中很容易退局;然而,在第一个演唱原创摇滚版歌曲后却是第一个成功晋级,并以第三名的好成绩而开

---

① 姜利标.社会学家的肖像[M].上海:上海人民出版社,2017:15.

始城市巡演。此后，春春老师开始不同于常人的"追星"之路。

> 我在心里跟自己定了一个约定，如果我确定自己要喜欢他了，那是一件很认真的事情，我要陪他很久，然后我就问自己你确定喜欢他，确定以这样的方式支持他？追星也是一件很理智的事情，就像是他不是一个星，而是一个可能要陪伴我很久的人。虽然我们可能没有见面，但却是非常真实的互动和相处，对。但是可能我也不知道我为什么这么想。可能是因为他出道和我参加工作在同一个阶段，我们共同起步，所以他的职业道路，包括写歌、出专辑、演出等等，很多经历跟我的工作经历和状态能够对应。他用他的方式，他的歌也好，访谈也好，微博也好，会传递一个很正面的能量给我。所以我就会觉得其实是他陪伴我度过了很多低谷阶段，或者说我很迷茫的状态。在我心里他就是一个一直在陪伴我的人，我的很多观念的形成都受到他的影响。（LFH0734）

从艺的道路并不是一帆风顺的。对白举纲而言，也面临同样的问题。他的歌要想受到大众的喜欢，就需要通过综艺节目而被更多人知晓。他从坚持要做自己到经历很多事情后父亲的去世，"他看淡了很多东西。为什么要那么执拗地去追求？其实健康是最重要的，家人是最重要的，然后能跟爱你的人、你爱的人一直在一起，可能比什么都重要"。

> 然后他就开始养生。在那个阶段可能因照顾爸爸，再加上情绪不好，他也开始生病，突然发热，高热……所以，后来他就会慢慢地对很多事情看得很通透。可能也是年龄和精力沉淀到那了。（LFH0740）

春春老师的共情能力使她能充分理解白举纲的心路历程，这与她职业生活中，从最初的快乐到承受巨大的压力，似乎有一致之处；而她在写作中"从来不复制"也源于白举纲的"原创"。

> 他其实就是一个很有能量的人，对，他还很幽默、很憨厚，我觉得他可能自己也会有过怀疑，或者说很疲惫的时候，但是当他面对大众的时候，面对他身边的人的时候，他永远传递一种很正向、很温暖的力量；很体谅别人、照顾别人的情绪；他其实是一个很大大咧咧的人，但是他在节目里又不张扬，比如说做一些什么事情，都是默默无闻地在做，可能付出什么也不去说；让我很认可他的一点，就是他具备很专业的能力。他认为我是做这件事的，就必须得把这件事做好、做精，我在研究什么，我在做什么，我得对它了解得特别透彻，无论是编曲还是制作……他的所有歌都是他自己写的。所以他的实力和他不断进取的专业性，特别值得我向他学习。（LFH0635）

春春老师的表达是个体心灵世界的投射，现实中同年龄的人在不同于自己职业的发展道路上的善解人意、积极进取，是对她的自我肯定和激励，更是对她潜意识力量的激发。她对实力的认同，使她也把目光聚焦到国家乒乓球队主力队员樊振东——"心无旁骛的训练"和"不放弃任何一个球"的拼搏精神上。事实上，春春老师正是从这里认识到"去追求的东西要走很久才能到达，但是他会很坚定他想要做和他想要实现的事情；他可能在别的事情上，看得开，或者说不那么执拗，不那么一定追求什么，但是他的梦想一直没有变，他希望通过他的音乐带给别人力量，其实也是挺纯粹的"。

在社会大环境中的自我认同方面，春春老师为自己寻找的关键词是"纯粹"，而她寻找的也是"纯粹的人"。正是"纯粹"使她用心、用情投入幼儿的生活世界中;对于社会评价体制中的职称评定、比赛胜负等持一种审慎和淡定的态度,收获的是对幼儿心灵世界的理解、洞察,乃至对人性的理解。

> 我不断观察和解读孩子,身边的老师觉得我总在研究,研究得挺准确;我其实并没有刻意,但是因为要去洞察孩子的心思,所以我可能每天都在做这件事。当日积月累到一定程度之后,我觉得就会变成一种洞察的能力,这可能是我已经形成了一种自觉。对于成人和孩子,洞察力是相通的。(LFH0910)

春春老师通过理解白举纲的生活历史及持久的"陪伴",获得源源不断的成长力量;而当她把这种力量运用于职业生活中时,对幼儿兴趣的持久观察、支持使她赢得了幼儿的信任和"跟随",而这又使她深入理解了孩子、教师与家庭之间互相陪伴的关系。

二、对不同的城市文化的体察

春春老师因为喜欢听白举纲的演唱会,经常到上海、天津旅行。从此开始,她便在寒暑假和小长假到各地旅行,到不同的城市了解地域风貌和人文习俗。这既是延续了小学阶段父亲常带她外出的习惯,更是因对自己的理解,产生了理解不同地域中人的特质的愿望。她带着敏感的心感受另一个城市人的热情及生活的节奏,因而也更理解了自己所处的生活环境及对家乡的浓烈的情感。

> 我就记得去四川的时候,我听不懂他们在说什么,然后便努力地辨认他的方言。可能我听不懂他们的表达内容,但我能感受到他们的热情。比如说我需要向人求助的时候,他们很愿意帮助我,虽然帮助

的结果可能最终没有达成，因为我依然没听懂他们给我指的路，但是我能感受到他们不会犹豫，非常热情；然后感受到了成都人的生活状态——节奏很慢，但是每个人就好像在自己的圈子里去悠闲做着自己想做的事情，吃自己想吃的东西，聊着天、嗑着瓜子、玩着麻将等等，好像都自然地融入环境当中，我能够感觉到的一个氛围就是自然的节奏。

有一次我去长沙，下了飞机，从飞机场要坐一个类似于机场快轨的地铁，我就会觉得车速好慢，跟北京的完全不一样。然后我跟伙伴说，我说不知道怎么那么慢，后来她也觉得是这样，但是我马上就意识到是我们的节奏太快了，并不是人家慢。可能每个城市有自己的节奏，我觉得这个是相对的，可能不是人家的节奏慢，是我们太快了。（LFH083）

春春老师旅行中常去当地有历史记忆的地方，如博物馆、公园、皇宫等。"不愿意去那个人最多、最嘈杂的地方，反倒是想要去这些安安静静的地儿逛一逛、看一看，然后聊一聊；每一次出去玩，无论是飞机上还是我们俩躺在一张床上，就总能聊很多，对，那样的感觉。"旅行是春春老师理解不同城市独特之处的原因，这样一种纵深维度的探求不同于大众对旅行的安排，演绎了她"独特"的选择，包含了她对生活的丰富感受和对人性、情感的细致体察。

三、因至诚的朋友而丰盈的社会生命

春春老师的独特与对朋友的至诚之心是相互统一的，她越是理解自己就越能理解朋友，反过来，她对朋友情绪状态的体察，使她能以适合于对方的方式来扮演自己的角色。在初中时，她遇到一位"突然就找不到、打他们家电话永远打不通、发微信永远不回"的朋友，她改变了，认识到交朋友有这样一种交往方式,"朋友想要独处,现在不想找我,我就不再强求";而在幼师学校时,她又显现出对同桌的"不一般的"表现,因理解其生活处境而接纳与积极影响,她渐渐地,帮助同桌赢得了更多的友谊;入职后,承袭父母"不争不抢、随遇而安"的生活态度,她又一次接纳了处于低谷的刚入园不久的慧慧老师。父亲的工作从天津换到北京,"随生而不争不抢",妈妈因国企体制改革而下岗,寻找不同种类的工作;父母对生活境遇的改变采取的态度,以潜移默化的方式影响了她。她在选择班级合作者时选择"空白",因此与不受同事欢迎的慧慧老师成为合作者。她积极沟通,并在了解慧慧老师的生活经历中体会到她对教育的虔诚之心,与她确立共同目标后改善班级生活,最终赢得友谊和个性化的教育理念。

> 其实是大家对她的评价为她带来了一些负能量,她应该是刚入园不久,正在融入的过程当中,但就有了不好的遭遇。虽然我觉得可能挽回了一些,但我觉得我没有治愈她,尽管如此,我觉得她现在好多了。第一,我觉得离开了本身的环境;第二,现在跟她搭班的两个小老师很好,一个特别踏实,然后一个是我们之前在大二的时候就搭过班,是老搭档,两个小老师都特别信任、信服她,所以我觉得分园的她更幸福。(LHF092)

她与慧慧老师既是"忘年交",更是工作中的合作伙伴(工作时孩子们发现她俩是好朋友),如两个班级共同开展"足球主题活动"、区域活动展开多级联动;假期一起读书、探讨人生。

而与春春老师相处最久的是她应聘成功后才入园的杨慧老师。她们俩常常一起外出旅行;不断分享各个生活领域中的认识和感受。"是最能聊得来的伙伴";春春老师每一个阶段都会给杨慧写一封信,过生日时再集合成一个精致的笔记本送给她。两位教师彼此相互认同,"心心相印"。即使观点不同,她们也求同存异,相互支持。

在春春老师生命中,朋友始终是与她自己同等重要的。这种"我"与"你"的关系既影响了她的写作方式——与对象对话的文风,又成为她与朋友心灵沟通的重要方式——"刻画得很细致,内在的心理过程表达得很多,心灵感受表达很多";写信"既是一种表达,同时也是一种梳理",因而她对回信并不期待。这是对朋友"纯粹"的一种关照与理解。

四、对微型社会的深层理解

"虽然任何人都不能重新组织整个社会,但他可以以自己的态度持续不断地影响社会。"[①] 春春老师全身心投入与他人"在一起"的生活,积极参与到幼儿园这个微型社会中。

2014—2019年,是春春老师的职业适应期,她以自选方式和被动方式融入班级活动中——从与幼儿对话、区域活动组织到参与或主导班级整体事务"这个过程中虽经历'残酷',却使自己的创造力不断展现,感受到创造性劳动成果对其余教师的巨大影响。"五年中,白举纲和樊振东在各自专业上的精进精神不断激励她"心无旁骛"地面对一个个挑战。2019年7月,她成为班长,以五年积淀的教育理念和愿景开始建设班级,她期待实现自己的教育理想。因此,她有机会与幼儿园的中层干部、园长有更多的交流和对话,她也开始从园所整体层面审视自己设计的班级各项活动,并不断觉察园所阶段性发展方;她在组织与个体的张力中寻求教育目标的实现。

这个时期,她看到了不同的幼儿园所展现的"教育磁场",她洞察到幼儿园整体层面的工作任务和班级之间的教育目标不匹配——四次助力班级成

---

① 姜利标.社会学家的肖像[M].上海:上海人民出版社,2017:214.

员参加区级比赛，从中感受到"外在品牌"与"内在品质"之间的差距；通过写日记和书信而追求心灵力量的她有坚定的教育立场，于是，她不断用充足的理由与干部对话，干部尊重并认同她的理念和做法，帮她克服不必要的干扰并缓解压力；她也借助阶段性的"亮点工作"分享来表明自己的态度和立场，"这件事情是一种我表达和输出的渠道，我觉得一次表达影响一个人，或者可能影响到对我特别有影响的人（幼儿园领导）"。与此相比，她对职称和比赛等有一种超脱的态度，"评职称是很固定的模式，很多老师会很在乎这个东西，但我是觉得不管我在不在乎，我都会沿着这条路走，因为我逃不开它，那么我早晚会拥有它"，她认同社会评价对自己的影响，但她又认为"职称可能撼动不了别人对我的印象及评价，可能也是因为我已经积累了很多正面的评价，而且从我的预判里，我觉得老师们也不会因为我有没有高级职称而否认我的努力与付出"。正因为她有这样的认识，她试图拒绝参加"方向偏离正确轨道的"一些比赛；在与园长对话的过程中争取班级的最佳合作者，为此勇挑"培养新人"的重担。

春春老师有自己的教育信念，她也会意识到阻力并努力克服，必要时与外在力量保持一定的距离。她能够意识到幼儿园对自己的包容，因而多了"体谅"和"接纳"，幼儿园这样一个微型社会在大社会背景、学前教育当前发展阶段中有自己的有限性和各种规训力量。尽管如此，她仍然不会放弃对教育者应有品质的追求。

五、以国人"温良之心"的改造

（一）对教育的理解

真正的教育是什么？春春老师对此有自己的理解。教育不是刻意的，是以无意识的言传身教为基础的。"言传身教"本身意味着"能带给孩子什么样的影响，取决于你自己是一个什么样的人，但是你自己是一个什么样的人,又取决于你接触的人是什么样的人,是你的家庭环境经历",这样的教育力量体现在"你真的用心在跟孩子相处的时候,他一定是因为情感才跟你更亲密,才可能被激发出他本身就拥有的一些力量"——学习潜能。她也没有否定正规教育和正式教育的力量,只是这样的教育是正式教育的基础、前提和条件。当一个人本身的言行与所接受的正式教育中的理念相契合的时候,教育才会更好地发挥作用。她强调"'学习故事'跟你的精神不相契合的话,可能它也不会在你工作中发挥作用,所以这个前提和背景很重要"。由此看来,她对教育的理解是辩证的。幼儿教育需要尊重幼儿的学习方式,需要教育者不经意间的言传身教——共情性的沟通和交流。为此,"身为教育者的我们,无论是教师、家长又或是参与到教育中哪怕细枝末节处的任何人,都需要用一颗虔诚的心来看待和对待它。那么最终,我们便会看到教育带来的真正的光芒"。她也是以这样的理解来投入教育实践中,并评判一个人是否有教育之心——知行合一、坚定的、自我力量的彰显。

(二)三年行动

春春老师带着丰富的情感、对教育的理解、对教育深远意义的探寻而开始了三年整体行动。从小班的"以梦为马、以汗为泉"的努力,到中班的"一叶知秋、随遇而安"主题活动设计,再到大班的"因为真实,所以珍贵",都伴随着她对四季主题活动的探索、对不同年龄段幼儿兴趣与学习品质等心理世界的理解、自己三年一体的整体规划和未来预设,也饱含着她对园所整体发展的洞察和对新教师身先示范的引领。

春春老师的情感和智慧浓缩在班级的"小黑本"中。

> 这个"小黑本"不是学习故事,也不是成长记录,这里面没有官方的分析和策略!但是它却很有温度,温暖着我们内心深处最柔软的

地方,"小黑本"里有的是陪伴,有的是理解,有的是感动,有的是兴趣!我们不贪心,不期盼小花迅速成长!我们不会给小花贴各种标签,也不会浇灌各种所谓的营养液。我们会静等花开,在他成长的每个点滴中陪伴他,理解他,赏识他,支持他!不要羡慕别人的花鲜艳美丽,请相信你的小花一定会绽放出自己的精彩。这一路的陪伴,我是等待者,静静地等待花开。同时我也在一点一点地实现着自己的成长和绽放,实现着教师道路上的蜕变,是他们的每一点进步激励着我,让我坚定地走下去,陪着我的小花一起,继续走向更加绚烂的未来。
(LFH1006)

斯普朗格认为"教育是心灵的唤醒",春春老师正是不断尊重并捕捉幼儿的兴趣和成长契机,警醒教师避免以成人的误判而对儿童发展造成阻碍,而要用温情和耐心等待、陪伴儿童,实现师幼生命之花的绽放。

小班的孩子们初来乍到,他们胆怯、好奇。一切都是陌生的,一切也是全新的,我希望他们在建立起对于身边人的熟悉感、信任感、依赖的情感后,也能对身边环境有更多的关注,对我们生活的这片土地有更多的了解,大到季节气候,小到一花一木,希望他们眼中能装进更多这个世界的神奇和美好,于是我们开展"顺应四季,体悟生活"的系列主题活动,家中的农作物,自己喜爱的"中国味"美食,幼儿园中的柿子、山楂、石榴,随着天气变冷被"冬藏"起来的蔬菜,这一切,都与我们的生活息息相关。

中班,因疫情的原因而延续了小班"关注身边事物"的思路,选择了孩子们生活中随处可见,同时又体现出季节特征的"落叶"。……然而,点球大战让初遇足球的孩子们萌发出兴趣,是班级对抗赛让他们的自信心和班级荣誉感爆棚。……经过抉择，我们还是决定将足球继续下去，让这个突如其来的小主题有始有终。于是我们再一次与大五班的哥哥姐姐们相约，一起进行了一次分组式的足球游戏。孩子们发现哥哥姐姐们比我们厉害，除了因为他们比我们年龄大，比我们高，比我们跑得快，还因为他们一直坚持练习。正是这两次共同游戏和联动，孩子们不仅在游戏中收获了经验，他们更和这中间认识的哥哥姐姐、老师们有了更亲密的联系，而这些人，正是在幼儿园里每一天与他们朝夕相伴的人，也是在未来可能会与他们产生更多连接和情感的人。……"我家足球大调查""最喜欢的足球运动员""他们为什么那么厉害"等延续着孩子们对足球的热情。……冬雪季前，孩子们围绕需要做哪些准备，怎样分工展开，讨论后分成了"打铜钱儿""拓印"和"装饰组"，每一组遇到的具体问题是不同的，但通过分享，他们又从各自的小组中吸取着共性的经验。最终，他们成功为各个班级送上了"拓印游戏"邀请函，和老师一起为来参加拓印游戏的小朋友做介绍。在打铜钱游戏中按照分工、准备材料、介绍规则、分发奖品，并且用自己熟悉、喜爱的方式为我们的中班进行一番新年装饰。……参加庙会前，分小组、规划路线、设计路线图，孩子们的参与感更加充分地融入"冬雪季"的活动中，他们对于"冬雪季"的理解也更充分、更丰富了："冬雪季"上可以吃吃喝喝，有好玩的游戏。他们也知道，"冬雪季"来了，新年就要来了。他们还知道，"冬雪季"是属于我们自己的，属于冬天的节日。在"冬雪季"上我们可以和所有的老师、小朋友一起庆祝，一起相互祝福。而这无不是在增加他们对于幼儿园的归属感、认同感。

大班，从发现蔓延到操场上的南瓜藤，到持续地关注南瓜，帮助南瓜（插提示牌、驱虫、清理烂叶和烂掉的果实、定期浇水、关注长势）而与不断生长、变化着的南瓜建立起越来越深厚的情感。再到第二阶段寻找和了解不同品种南瓜，知道它们的名字和特征，了解南瓜的内部结构，与弟弟妹妹们共享经验。在持续的观察中发现南瓜的生长规律和所需条件。南瓜成熟后，制作"南瓜饼干"，经验得到不断聚焦和扩充。最终来到第三阶段，用多种方式表达对南瓜的了解和喜爱，画南瓜水墨画，制作南瓜泥，创编并表演"南瓜故事"，仿编"南瓜拍花箩"。……这个过程中，"偶然"对应的往往是一些契机，以及由这些"契机"随机引发的活动：就像开学初发现操场上的南瓜藤，开始持续地观察记录南瓜；在观察中发现最大的南瓜不见了，找回南瓜；随着观察的继续，再一次发现南瓜不见了，于是决定给南瓜插牌子，并在后续验证效果时发现位置不合适再次调整；因为幼儿园的毛毛虫肆虐，发现南瓜长虫子了，开始自主寻找驱虫办法，并集全班之力准备材料，成功驱虫；直到最后一个意外，就是11月8日突降的初雪，让我们临时决定摘回南瓜，并在实际操作中总结方法。"有意为之"对应的是教师根据活动进程、幼儿兴趣和经验发起的活动，意在进行经验的补充、兴趣的激发和文化价值的延展：这其中有教师发起的小任务——"寻找更多品种的南瓜"，其实是为了在等待南瓜成熟的过程中，能够延续孩子们对南瓜的兴趣，并丰富他们对于不同品种南瓜的更多认知经验。而发起"创编'南瓜故事'"的活动，则是希望幼儿能够连接起中班种植南瓜的经验，使情感进一步激发；"布置南瓜展"，则是借由园级"秋月节"的活动，希望搭建更大表达、表现的平台，并在过程中丰富幼儿利用多种艺术形式表现南瓜的经验；而最后"制作南瓜饼干"的活动，其实也是教师有意引导的一个思路，这其中有南瓜与其他事物的联系、情感的迁移和提升。（LFH1009）[①]

---

① 这里的活动记录参考了春春老师提供的年末亮点作分享，特此感谢。

（三）尽一人之力助推幼儿园的发展

春春老师以自己的教育理念引领三年行动，而在行动中又继续丰富和深化"学习故事"中"联结"和"关系"的理念；这个过程中，对伙伴和幼儿园的情感更加丰富，而在幼师阶段养成的读书和写作习惯为她聚集起更大的力量，特别是在她与慧慧老师"共读一本书"的分享活动中，她赋予工作以不同的意义。同时，她在更频繁地与管理者交流观点、听取建议并在行动中赢得了更多教师的认可，她开始与自己在职初期所处"学习故事组"中的感受连接，从适应到不断更新同伴对自己的认识，努力展现"主动性"的巨大价值，因此，她在幼儿园里更自觉地影响身边的人。春春老师与冬冬老师（详见第五章）之间是相互改变，而与慧慧老师则是通过接纳、改变她所处的班级环境而使她逐步走出低谷期，她敬佩秋秋老师（详见第五章）的认真状态，她们在相处和交流的最舒服状态中不断碰撞思维的火花。

对身边人影响的强大意愿促使她主动挑战自我，探寻更有价值和意义的事情——"大班组新教师培训"，她认为"新老师们就像孩子们一样，可能只是有底色的一张纸而已，但是这个上面可能最先画什么，先构架出一个什么形状和轮廓呢？我觉得新教师培训这个途径很重要，所以我就跟年级主任提出申请"。然而，"假期就很痛苦，因为我没做过培训，我没给老师们讲课的经历，然后就一直在磨框架、写稿子、改PPT，努力把传统的观察、记录的理念和'学习故事'新理念融合"；在设计问卷、阅读问卷、反馈问卷中传达"你们写的东西会有人认真看，所以你们的态度其实可能决定了你们会获得什么样的印象和评价"的观点，而"新人印象和评价也是很重要的，你很有可能在一件小事上让一个人对你产生不好的印象，一旦你被贴了标签，那就很难去除"。当新教师看到春春老师准确的评价时逐步改变了对培训的态度，由此而努力理解"学习故事"的核心、详略适宜的写作方式，调动内心的真情实感而与幼儿建立联结，进而将之融于班级活动中。此时，春春老师是通过直抵心灵深处的力量帮助新教师与环境建立积极关系，使之认识到自己作为行业未来的主力之一是受到充分重视的。更为重要的是，园里的干部把这样一种力量辐射到全园，在各年级组开展新教师培训。

春春老师开始基于更多教师的立场思考问题，但也开始理解管理者的顶层设计，于是她把自己定位为"中间人"①，对原有的工作内容，如"亮点工作分享"赋予更宽广、深远的意义。"原来我只是试图去唤醒身边老师们对于教育最纯粹的理解和感悟"，此时，她意识到教师总是会被"框住"，她希望"管理者顶层架构的美好愿景和老师们正在做的事之间彰显异曲同工之处，有差别的同时体现出共性"，她想给课程建设提供自下而上的思路，提供向上攀爬的"一条藤"——"让孩子们的经验和兴趣得以延续，让这个主题活动得以推进，但同时一定是老师经过判断和带着目的的使两条线索相辅相成，然后才能让主题活动变得既鲜活，又有厚度、有深度"。她认为自己有责任向管理者传达一线教师的立场和观点，进而使自上而下和自下而上的思路得以融通，弥补中间"断层"，激发一线教师确立坚定的教育信念，即她所追求的"纯粹"的教育。这正是她"亮点分享"的初心和目的。春春老师的表现体现了基于言传身教而产生的教育的根本力量。她通过影响领导层的决策，帮助教师更好地与环境相融合；在有限的时空内"打开一个门、一个缝"，让基于传统文化建设课程的视角更开阔，迈向一个更好的发展阶段。

疫情时期，她更是站在了社会的角度思考幼儿园各项工作的转变，体谅幼儿园面临的社会大环境。这更激发了她对国家的理解，在经历一次次蜕变后产生与世界对话的信心。她深刻理解自己的职业身份，珍惜自己在班级、

---

① 这里的"中间人"指处于管理者和班级教师和班级教师之间的一种"桥梁"角色。

幼儿园乃至整个国家这个大集体中的荣誉感。为此，她珍视团结的力量，推崇并自豪于中国人的"温良"精神，她以实际行动致力于"在孩子们的心里种下一颗'温良'的种子"；她以自己的心灵力量，体会梁漱溟先生所言的"完完全全、彻彻底底地生活在一种心灵的生活里。中国人的全部生活，是一种情感生活，是一种来自人性深处的情感，是心灵的激情和人类之爱的情感"。而这正是她共情能力不断提升的深层原因。

第五章

春春老师三位合作者的生活叙事

春春老师与三位合作者都是当地人,而且都是独生女,家庭居住地相离不远。因为毕业于早期的幼儿师范学校而入职较早(秋秋老师毕业于一所综合性师范大学);冬冬、秋秋、夏夏三位老师年龄相仿,虽然都是30岁出头,工作年限却有十几年,各自的孩子也先后开始了幼儿园生活。春春老师26岁,年龄最小,却也有八年工作经历。

进入田野的第一年,很快就把关注点放在冬冬老师身上,全园只有她的班级是实验班,当时春春老师和冬冬老师正进行第二年的合作,第三年结束,孩子们毕业后,冬冬老师因怀孕而开始休假。当再次有机会与冬冬老师合作开始于2020年9月;同时,开始深度关注夏夏老师,这源于她们班所举行的为柿子树过生日的主题活动,夏夏老师正是春春老师第一年入职班级的班长。秋秋老师因与春春老师家庭居住地在一个小区而成为重要的交流伙伴,两位曾经共同在冬冬老师班级合作一个学期。由此看来,三位教师都与春春老师有密切关系(详见第四章),因此这里的生活叙事一方面有助于继续丰富和深入对教师日常生活中学习的理解,另一方面可以揭示班级内部教师之间相互学习的过程。

第五章 春春老师三位合作者的生活叙事

第一节 个性鲜明的冬冬老师

在春春老师的眼中，冬冬老师有点"强势"，但个人风格很鲜明——追求精致环境的设计和幼儿综合能力的提升，她为教育投入全部的力量，是一名"很具有实力"的教师。19岁幼儿师范学校毕业后，她就到四季花开幼儿园工作；2016年，26岁的她已经是一位经验丰富的骨干教师；2021年，已有十三年工作经验，并成为一名中层干部。

田野中，与冬冬老师是通过班级观察和作为项目合作者（"基于乡土资源开发的幼儿园课程文化建设"项目）逐步建立关系并取得相互信任，前后交往近五年时间。尽管如此，冬冬老师不愿意更多提及家庭。在偶尔的相互交谈中得知：她在家中是"主心骨"；父亲或母亲家人生病时，她总是"冲锋"在第一线，或许因此，她也成为一个特别有主张的教师。对于冬冬老师的生活史，只能从2015年1月到2021年12月职业生活视角所获资料来呈现，从中可以觉察出女儿的出生对她职业生活的多层面影响。

在冬冬老师建立实验班之前，她在家园共育和班级主题活动中初步显现出综合能力，也因"金点子"而展现出个人的"创造性"。2015年，她有机会了解"学习故事"，于是向自己提出挑战——建立"实验班"并赢得了管理层的多方面支持，因此而成就了富有突破性的三年；2020年9月，因生育而中断的职业生活再次开启，这时已错过全园新项目开展近一年的时间，她将"妈妈"的理解之心和爱心注入工作，方向明确，虚心请教，赢得了人生的再次突破；2021年9月，她升职为小班保教干部，将新项目的核心精神融于各项工作。

一、成为一名骨干型教师（2015年）

2015年，冬冬老师在班级活动中不断凸显出"新意"或特色。这一年，她在班级开展了"知识大爆炸""甜蜜的三八节""一封信的旅行""我是环保小卫士""探秘地质博物馆""甜蜜的毕业季"等多姿多彩的主题活动；她总是针对幼儿关心的问题，提供各种探索和展示的机会，助力幼儿主动性的发展；活动空间和资源的利用不限于幼儿园，从公园到剧场，她以幼儿制作的精致环保袋、花苞、牛轧糖和独特设计的"同学录"等架起幼儿园、家庭、社会之间的"桥梁"。

作为80后，她在家园交流中不断捕捉与她处于同时代的家长的特点，"他们习惯于通过网络等便捷的方式与教师交流，分享教育资讯、探讨教育问题；他们文化素养较高、思想开放、有教育主张，但是缺乏实践经验；大多数是'独生子女'，因此在充满自信的同时有时以自我为中心，希望幼儿园能满足他们在育儿方面的各种要求"。对此，她一方面率先建立各种网络互动平台，如"有道云笔记""微信公众平台"，通过视频和图片介绍孩子们在园情况、建立成长档案和共享经验平台，使家长间形成合力，助力班级发展；另一方面，深入解读家长育儿背后的"片面观念"，把班级的教育理念通过具体活动传达给家长，并请家长在理解班规的基础上，以志愿者身份、"爸爸妈妈故事"讲演者、"爸爸课堂"中的教师身份进入班级，促使家长在对全班孩子的观察中从新的视角来理解孩子，随后带领家长总结经验并分享。这样的家园共育新模式是冬冬老师在反复调整、多次尝试的基础上形成的。

二、"实验班"的特色（2015—2018年）

这三年是冬冬老师和春春老师密切合作的三年。面对班级的年轻教师，如何提升她们的经验并利用优势而助推其发展,是冬冬老师必须面对的问题。"年轻老师的想法富有新意,敢于尝试,为我们的班级工作注入了一股活泼的力量。为了更好地带领青年教师了解和推进班级工作,在开学初我们一起设计和撰写班中的主题活动方案,老师们的创意和工作热情让我惊喜";同时,她也严格要求每一位教师,每次活动都必须有方案,每周一为班级卫生检查日,每次简报推送都要从内容编辑和色彩搭配等方面严格审定,每次园外活动都必须提前踩点并进行素材收集,每学期阅读班级推荐书籍……因此,班级每年的主题活动都充满创意并成为全园的亮点,"班级图书馆"中的"爸爸课堂",把区域活动转变为小组活动乃至全班幼儿感兴趣的"坦克演练";"胡同寻宝记"中小解说员宣讲"四合院",向匠人学习并亲手绘制兔儿爷——"从小学习传统技艺,长大了必然爱国";"缤纷童话梦,亲子齐欢笑"活动前用心、细心准备,大胆调用全园资源,设计充满创意、惊喜的活动环节,"各位教师分工合作中收获的不只是组织策划的经验,更是家长的认可、信任与满满的成就感!"

上午,中一班迎来了酝酿一周的爸爸和孩子合作的纯手工酿制蜂蜜、制作嘟嘟裙活动。当班级教师演示完做法之后,孩子们和爸爸们便投入自主自足的活动当中。孩子们与爸爸的合作已达到了一定的默契。不同的爸爸有着不同的性格、不同的做法、不同的颜色选择,一个家庭的个性尽情地展现在教室中。爸爸们在亲子活动中有怎样独特的智慧呢?在幼儿园的带领下,爸爸们的教子观念有怎样的转变呢?活动中人的意识和潜意识是怎样相互影响的呢?体验是最重要的。

爸爸的坚持、严谨、专业精神直接地传承给了孩子,自制裙子和蜜茶中给孩子做出了表率,并通过亲子合作而融入孩子的成长中。爸爸们也是有创意的,当把小纱巾精致地当成小女孩们的发卡,当巧妙别致的颜色搭配呈现出来时，这一定蕴含了家庭之间的无限爱意。所以，这项活动是对中华民族以家为本精神的传承，做摄影师的爸爸也把工匠精神传承给了下一代。这一定是人生当中最美好的体验。这便是家庭的顶梁柱爸爸们全心全意支持孩子们活动的最根本的理由。

活动中人的改进是逐步的，孩子们的发卡从单一色变成多种色彩，裙子变成舞蹈装饰，成就了孩子们的美妙舞姿和精彩的戏剧表演；尽管男孩子们没有穿裙子的习惯，还是在老师的赞赏下改变了刻板印象。我想这也是对成人观念的一种挑战。女孩子的世界和男孩子的心理世界是截然不同的，但还是在与爸爸们自在合作中尽情展现出来，在幼儿园展现出一个精彩的家庭生活世界，展现出了精彩的人生世界。

当两个小分队合在一起的时候，孩子们之间的互动更加多元，精彩蝴蝶结在更多女孩子的头上戴起来；男孩子之间相互拥抱，是那样的亲密无间；家长之间也相互亲近起来，因为孩子们之间已经是非常默契的搭档；当男孩、女孩们分别列队拍照时，我们看到了家长们脸上的神采和孩子们的种种开心与自在。这无疑也带给老师们收获。孩子们可以提前放假了，家长们带着甜美的微笑和孩子们一起回家，这次活动从准备到结束虽花了很多时间却取得了意想不到的收获。

——摘自 2017 年 3 月 7 日田野日记

这个实验班的孩子们带着在中班时形成的爱探索、勇于尝试的各种良好的学习品质，来到大班，开始新的探索之旅！每个年龄段的幼儿会有不同的年龄特点，大班幼儿做事更有自主性。大班的活动中，冬冬老师带领合作者将更多的选择权交给孩子们，更多地倾听他们的想法，以铺好路的"引路人"和更加敢于放手的"点灯人"角色，为他们指引前方的路。春春老师认为："这个时期的我们，更愿意和孩子们站在一起，去探索他们感兴趣的事物，用每一次认可的眼神带给他们信心，让他们坚定自己的想法，勇敢地战胜困难和挑战。而我们也从他们身上学到更多，学习他们认真、为了实现目标而不断坚持的品质，学习他们永远对周围世界抱有好奇之心的纯粹。我们始终和孩子们一起，不断进步和成长。"

三年中，冬冬老师与各位年轻教师取得了丰富的成果，如《观察记录在班级工作中的调整和实施》在市第五届"智慧教师"征文评选中获得一等奖，《创设温馨、适宜的环境，促幼儿自主发展》在第九届学前教育技术专业委员会"五优联评"活动中获得幼儿园环境设计评优组二等奖，冬冬老师在区域半日评优活动中获得一等奖；此后，两位年轻教师成为园中最年轻的班长。"看着老师们、孩子们一点点地进步，一点点地更自信、更坚定、更幸福，我是如此地乐在其中，享受着他们对我的认可和鼓励。我们、家长们、孩子们，更亲密、更默契、更精彩！默契合作，让奇思妙想逐一实现。"带着这份满足，冬冬老师开始了又一阶段的生活。

三、孕期结束后的迅速融入（2020—2021年）

怀孕和生育后，冬冬老师自认为"原本内心强大的我变得柔软、温和；它让不曾理解的家长叮咛与嘱托变得感同身受；它让过去意识先行的教育思路，转化为更多关注孩子们的情感与快乐，关注每一个孩子个性化的发展和需求"。与此同时，得知园内协同创新项目关注的是课程价值取向的确定，即活动中要关注事物背后文化内涵的挖掘后，她不断思考"如何让还在'分离焦虑'期的小班幼儿理解。我想，还是应该从幼儿的感受与小事物、小朋友之间的关系入手，更关注幼儿的情感体验，逐渐建立起幼儿与大自然、与自己、与他人、与社会的美好关系，同时让他们获得感受爱、表达爱、分享爱的情感体验以及各方面的发展。对'以自我为中心'的小班幼儿来说，建立多方位的情感链接需要循序渐进"。于是，带着这样的理念，她从带领幼儿认识山楂，从幼儿在园中发现生病的山楂树不结果而共同守护山楂，到最后在新年庙会中与大班的哥哥姐姐们分享"糖葫芦"和"年宵花"；这个过程中，冬冬老师感动于孩子们"敏感、柔软而慈悲的心灵"——"我希望我种的山楂种子可以发芽，春天到这里陪着她"，"我希望老师不生病能每天陪着我"，"我希望小朋友的愿望都实现"，借此机会，冬冬老师使爱在小朋友、家长、教师乃至整个幼儿园中一层层展开，因为爱而传承中华民族世世代代的优秀品质。

这一年，因为协同创新项目，笔者与冬冬老师微信中的对话多达100多次，语音转录加文字沟通多达两万多字，对这些内容进行逐段分析，提炼出51个主题，层层归类后确立为六个关键主题，依据内容多少依次为：个人的学习与提升（包括主题活动设计和总结、课题的多次交流）、家长沟通及指导（与家长沟通的具体问题及对家长的指导）、幼儿观察和理解、对班级教师的引领、自己的角色定位以及对园所工作方式的批判性思考。其中，对幼儿的观察和理解是她开展各项工作的前提和基础。

2022年新学期，冬冬老师开始了"花园探索和动植物养殖"的主题活动，围绕主题线索、资源利用而与项目组进行了细致沟通后，向家长微信群发出"动植物收集通知"，对收集的材料、父母与幼儿合作的小卡片制作提出建议；活动正式开展后，在班级中语言活动《今天我是一粒黄豆》的绘本教学活动中，"孩子们开始对种植豆子产生极大的兴趣"，他们一起在种植小豆子的过程中，感受"春生"的自然规律，寻找更多关于小豆子的秘密。冬冬老师整合幼儿园、家庭及社会资源，共同促进幼儿探索活动的开展，在家庭收集五色豆，在幼儿园进行水培种植、移植豆芽、收割豆芽、邀请厨房师傅做香香春饼、感受"咬春"习俗的系列活动中，时刻跟随孩子们的发现、问题与感受来推进活动。

在"认识豆子"的活动中，幼儿了解了不同种类豆子的种植方式，从挑选豆子、种豆子、照顾豆子到最后收割豆苗，让幼儿在观察、参与中逐步养成探索、勤表达的良好习惯。冬冬教师不断引导孩子们仔细观察和准确描述，启发他们大胆猜想，丰富生活经验。

在"观察照顾豆子"的活动中，孩子们在种植的过程中发现豆芽会变臭、水会变浑浊，冬冬老师通过带领孩子们收集资料、询问大班的哥哥姐姐等方法来发现其中的奥秘。在'从一粒豆子开始"的系列活动中，幼儿通过了解不同种类豆子的特点，知道了它们的种植小技巧，学会有意识地去照顾豆子；在分享种植经验、合作照顾豆子、体验种植快乐的过程中，在"收割豆芽"的活动中，幼儿通过自己的劳动将长大的豆苗变成春饼中一道美味的配菜。通过活动，幼儿不仅学会了分享、合作，同时还懂得了照顾和责任的含义。

——摘自 2022 年 3 月 10 日田野日志

其间，冬冬老师以"花园探秘"活动参加了区域比赛，比赛前的准备经历了园级、园外专家及与项目教师的多次指导，比赛取得好成绩的同时激发了她研究的意识。她与项目教师从研究方向、选题、案例分析、年级组支持等方面进行了商讨，并且选用了最好的录音工具；同时她把研究计划与园内的"亮点工作"进行整合，从结构、措辞、情感及价值的升华方面与项目教师积极沟通，并及时设计假期研究内容。"我近两年时间不在幼儿园，对更专业的词语、策略不了解，'提炼课程价值'的高度不够、准确性不足，也不够细致。但我先写，写完请项目组教师多指导，在组里继续学习。我从心底想参加课题，原来都是教材，而课题里面可以思考和探索，获得尝试和成长，我会尽最大的能力完成小课题的研究。"

冬冬老师捕捉幼儿兴趣和拓展家长资源的能力也在不断提升，这使得她能较为准确而又及时地发现幼儿出现的问题、分析问题并向家长提供具体的策略。如从幼儿出现咳嗽后的恢复、饮食缺乏咀嚼而整个吞咽,到亲子游戏指导和幼儿规则意识的培养,她都会给家长提供具体的建议和操作性的方法。她也巧妙地借助教师家长群体带动各类职业的家长发挥专长,助力班级发展。

"幼儿成长的力量一是家庭教育,二是教师引导。孩子跟老师慢慢建立联系,从开始不愿意、哭闹到向老师慢慢诉说自己的需求,用哭表达情绪的方法逐步换成语言表述;每个小朋友都不一样,孩子健康快乐最需要妈妈。我们班上不同年龄段的老师,都有不同角色的扮演:我有时候严格地要求幼儿,有时候像妈妈一样理解孩子;另一位年龄偏小的教师是姐姐,孩子们逐步适应姐姐陪伴和妈妈爱护。孩子们从学会自己吃奶酪棒,解决吃手的问题到心理上安全感的满足、卫生好习惯的培养,尝试着跟熟悉老师的短暂分离……我们和家长是更亲密的战友,共同教育一个孩子,共同为了孩子快乐健康地成长而合作。每个孩子都需要爸爸妈妈爱护,我希望家长是我们工作上坚强的后盾……。同时,特别希望教师家长做一个有影响力的家长,与我们形成整体的教育力量来与其余家长互动,促使家长积极参与班级活动前期孩子的探究过程。"冬冬老师与教师群体家长的沟通促使她站在更广阔的视野定位自己的角色,她也基于儿童视角来为教师发声,期待项目组和园级的顶层设计者给教师提供更多空间来关注幼儿的深度学习。

教师和领导者的目标一致。希望领导能更多地听听老师的心声、无奈。我们确实有收获,但也有失落和遗憾。我们需要特别细致地做一件事情。现在是起步阶段,每个班有不同的风格,我们需要更接地气,去真正捕捉到孩子们喜欢的东西并深入了解习俗后的文化内涵。我们希望实实在在地做孩子们喜欢的事情,让孩子们获得学习品质、有主动探究精神,而不是被老师牵着走。我们常说自主学习,可能是为了外在的评价而说的话。我们要好好说话，不说大话；好好学习，好好游戏。我愿意说心里想的事情，而不掩饰内心的想法，想看看到底哪个环节出现了问题，而研究的过程口肯定会有问题出现；做主题，平稳地进行没有意思，主题的"好"来自孩子们认识中的矛盾冲突，通过解决问题，才能形成孩子们的想法。我们需要停下脚步看看问题在哪儿，一个人的精力是有限的，同时做很多事情没有一件事能做好。我有时候太强势，但是不当班长体会不了班长的角色。我病好后回班，老师们说"主心骨"回来了，体验后才知道班长的责任。我个人喜欢传统文化，但期待老师更投入和自主，理想状态是自主自愿、不断探索，而不仅仅是任务。我们需要每个阶段固定时间反馈，大家需要探讨、反思关键问题；遇到困难，要集结大家的力量。

——摘自 2021 年 4 月田野日志

这一年，冬冬老师不仅快速跟进课程建设，而且敏锐地发现问题并分析原因。她不断倾听孩子间微小的善意之音，使之发光、发热、汇聚到一起，使人与人之间更加有温度，关系更加亲密。作为幼儿园的教师，在认同园长教育和管理理念的同时，冬冬老师促使自己基于真实感受而做出基于一线教师的判断。

四、从班长升职为小班管理者（2021— ）

2022 年 7 月，冬冬老师被提拔为小班组保教干部，开始了新的生活。这个时期，幼儿园任用了一批新班长，"老班长"则以助教角色完成班级工作。"在新的伙伴集结在一起的时候，作为小班组的负责人，我看到的是一支年轻、有活力的队伍，每个人都有自己的个性与想法。我们在一起畅想工作与远方的同时，还要运用新的方法与方式来帮助老师们消除心中的不安。假期的问卷调查，让我更加清晰地了解到现阶段老师们的问题：由于缺少开展家长工作的经验，新班长焦虑于如何组织召开新生家长会，年轻的班员老师们则焦虑于如何做好家园沟通的工作。"这正是冬冬老师从2014年便不断探索的工作内容——如何结合教师的个性来提升小班组的工作效率。她尝试资源整合、共性问题共同商量和解决的工作模式——借助园级"合力课程"，结合小班幼儿年龄特点共同制作互动视频，"教师们大胆创意，将鲤鱼跃龙门的神话故事、点亮勇敢的小醒狮的匠人精神、'国宝熊猫是猫吗'的趣味问题以及习爷爷的'三牛精神'等有趣并富有文化内涵的元素加入合力课程当中，巧妙地将我们常做的小事物（互动班牌，班级符号等）变成了家园之间传递园所文化及传承传统文化的桥梁"。这正体现了冬冬老师"心中有想法，活动求新意、行动有方向，敢想敢干"的精神。站在新的起点，她希望"通过多学、多看、多问、多实践提升自己的研究能力，做善思、善研、善总结的智慧教师；高占位地思考年级与班级的工作，发挥年级组的团结精神，让保教不分家"。

第二节　温暖有爱的夏夏老师

夏夏老师是春春老师入职后合作的第一位教师，也是项目中第一位入选主持"课例研究"的教师。她从入职幼儿教师的第 11 年，即 2019 年开始，在三年合作项目中展示出"惊人"的学习力和转化力。这一方面源于她强烈的学习动机和不懈的努力，另一方面也源于她整个生活中的积淀及对生活的理解与热爱。

一、面临学校生活中的不顺——职前期

夏夏老师出生于一个具有文化气息的大家庭，因为是爷爷、奶奶唯一的孙女，从出生起便被爷爷寄予厚望，希望"比男孩还要强"；1 岁 9 个月进入奶奶所属单位幼儿园，"聪明伶俐，大家特别喜欢"；3 岁半进入一个"有两层小洋楼、铁质秋千船和木质转椅的幼儿园"，夏夏老师认为当时"特别幸福"。然而，与此形成强烈反差的是小学生活。小学是当地最好的学校，她所在班级的同学们家庭经济条件好、文化厚重；家长从小注重对子女的多方面培养，因此"眼界开阔、样样精通、个个优秀"；相比之下，夏夏老师表现较为普通；特别是四年级时遇到一位数学教师，夏夏老师"不被喜欢，也不受关注"，甚至遭受误解与语言上的伤害，为此而留下心理阴影——既害怕这位教师，也害怕数学。直至升入当地最好的初中后，她当时"想努力学好数学，但觉得提不上来，就是有一个东西在那儿阻挡着，很怕碰触"。这样的经历让她意识到师德的重要性。

这个时期，家庭给了夏夏老师强有力的引导和帮助：母亲不受学校影响而一直给予鼓励和夸奖，奶奶在去世前依然告诫她"没事，船到桥头自然直"；夏夏老师也从姥爷家中获得精神食粮——《红楼梦》，"金陵十二钗中，我特别喜欢薛宝钗，她不仅漂亮，而且知书达理、稳重平和，然后也比较圆润低调"。她也喜欢画红楼梦中的各种人物和服饰，喜欢爷爷收藏的邮票册、老物件，特别是古代的小摆件，"喜欢得不得了"，由此而喜欢上历史。在家庭的支持下，她初中毕业后选择了喜欢的幼师学校。"学校都是普通家庭的孩子，也不会给我带来很大的压力，然后在那里我可能还是最优秀的。尤其是遇到与自己兴趣特别相契合的儿童文学教师，便有机会参加戏剧表演，扮演贾宝玉……我从小缺失的自信，从小经历过的那段伤害，一下子就被挽救回来了。"夏夏老师重新找回了自信。

在夏夏老师成长的路上，母亲给了她非常重要且积极的影响，而这源于母亲成长的家庭教育和环境。一方面，夏夏老师的外祖父工作繁忙，常年在外，早早把工资交给母亲，照顾家人的负担落在她身上，尤其是家人病危时，家属签字只能靠母亲，因此"妈妈当家早，从小被历练"。另一方面，"外祖父无论是分房还是震后搭震棚，总是先想着别人，也从来不想回报，不计较得失"，这样的待人接物的方式深深影响了夏夏老师的母亲。她是家里的"主心骨，像男孩子一样有勇气，'大女人'的感觉，工作和生活中遇到不顺心的事总会自己找地方化解；永远看别人的优点，不计较"。夏夏老师对母亲曾经说过的话记忆犹新，"你永远要把别人对你的好记在岩石上，把别人对你的不好或者伤害洒在沙滩上"。在母亲的教育和影响下，她待人"心很宽"，善解人意，协调与沟通能力极强，做事很努力；也会主动从母亲这里寻求克服困难的力量。

二、遭遇"特殊幼儿事件"后的转变——职初期

夏夏老师对自己有清醒的认识。她对自己选择做幼儿教师有这样的解释,"从小我偏爱带有童话色彩的一切。终于从18岁那年起,我带着满腔热情和儿时的梦想加入了幼儿教师这支梦幻、开朗、阳光的队伍中"。职初期,她在孩子们中不知所措,后来观察到幼儿清澈透底的眼睛,感受到他们传递的温暖,"孩子们拉着我的手稚气地问:'老师,你的手怎么那么凉呀?拉着我的手吧,我来帮你暖和暖和就不会冷了。'他们的话就像是簇簇火苗,让我感到暖暖的。渐渐地孩子与我之间有了一种特别的默契",也渐渐赢得了家长的信任——"还是老师行,说什么、干什么都要把老师的话放在第一位"。

然而,夏夏老师任职第二年,班中有一位性格比较孤僻的孩子,在一次集体游戏中,因没有被小朋友关注而闷闷不乐,家长得知后各种挑剔,为此她当时感到很委屈。后来,孩子转学了。她不停地反思并调整自己的儿童观,并将之转化到自己的行动中。"我当时该给孩子更多温暖,更多体谅家长的心情。这件事让我一直很注意与孩子们的沟通,常常是正面的鼓励和引领,个别孩子做事拖拉,我就帮助她争当升旗手,因为升旗手做事快、精、准";跟家长沟通时更注重书写通知的措辞、口头交流的艺术性,尽力让家长"愉快地接受并做出更有利于孩子成长的行为"。

此后再面对特殊孩子时,她会主动与家长形成一种合力。面对不善于交际的幼儿,她一方面缓解家长的焦虑,另一方面给幼儿在班级中提供更加宽松的氛围,并教给家长高质量陪伴的策略。对此,家长常通过书信的方式表达对老师的感激之情,"有夏夏老师的陪伴是孩子的福气、我们一家人的福气!请老师不吝赐教,我们家长的问题、孩子的问题、我们做得不到位的地方,请老师一定告诉我"。在更多家长的心目中,她"热情、活泼、开朗、向上、善良、务实不张扬、率直不做作,像母亲般善待班里的每一位孩子"。

三、工作单位调换后的"幸运"——成长期

2013年,在工作7年后,夏夏老师有机会调转到更有特色的一所幼儿园。对此,她感觉到"三生有幸",感恩于新园领导的赏识和信任,并将之转化在具体的行动中。"我觉得不断努力我才能对得起自己,对得起别人……新环境对我来说,内在的我没有太大的变化,但是就是因为遇到的好领导给了我很多锻炼的机会,才促使我迅速成长起来,而我更多的就是要感恩,所以我要做好我自己。"

她站在时代和社会发展的高度去理解自己的工作机遇。"我在这片土地上生活了30多年,同时也见证了它的变化与发展。记得90年代初我上幼儿园时……当时的老师们我已记不清具体的模样,但有些事情却让我永远也忘不掉。那个年代的幼师在某种程度上一直是一个被忽略不计的职业,但反观现在,党和国家高度重视学前教育事业,我们能够在人生最好的光景里,恰逢好的时间、好的机遇、好的环境。……在和合文化的大家庭中,生根发芽、茁壮长大。"

入新园第二年,她积极主动地两次参加区级比赛,一方面自己努力带领班级教师精心准备,另一方面也得到了幼儿园多层面的指导和帮助。此期间,她观察到冬季庙会中幼儿对皮影戏感兴趣,而这也融合了她的兴趣和特长。皮影戏虽然是比较陌生和古老的,但它集说、唱、演为一体,具有深厚的艺术内涵和文化价值。经过精心准备,她与幼儿共同完成了"皮影初体验—问题大爆炸—好玩的皮影舞—我们的皮影戏"四阶段活动,通过活动为小朋友们"开启了对中国传统文化的兴趣之门,更通过互动与交流获取了知识和乐趣"。同时,也逐渐意识到"文化传承的使命,教师需要将中国文化中特有的民族符号和文化底蕴传播给我们的下一代"。

2012年,夏夏老师经历了一个多月的援疆工作。她通过"向有经验的教

师们学习,同时将自己多年摸索出的具体方法与策略都整理出来,记录到小本子上;到书店自费买来大量教育教学书籍、材料,认真研究,深入思考,从教学理论和实践上做充分的入疆准备";到达新疆后虽因水土不服有种种不适,但切身感受到当地对教育的急需后,勇敢地承担从未经历的异地教学观摩课,"认真收集资料、写教案、备课,利用平时生活中的废旧物品制作教具,每天都会工作到半夜。就这样我克服了各种困难,通过不懈的努力,最终圆满完成了任务"。从城市到边疆地区的农村,特别是经历不同民族的语言环境和生活方式,极大地增进了夏夏老师对多样生活、文化以及自己生活环境的理解。

四、"大处着眼、小处着手"的行动——提升期

夏夏老师在工作、家庭生活以及交友方面都注重从大局出发,并且注重细节,更为重要的是她能妥善处理好彼此之间的关系,家庭与工作兼顾,使身边的人感受到"安全、温暖、友善"。家庭中,她尊重并且感恩家中老人,"后方牢固,前方才能够坚定",她"积极肯定老人对大家庭的贡献,而不因教育观念与方法的不同而否认他们的付出",她常说"四位老人各有所长——奶奶和爷爷教孙子画画(负责活动),姥姥和姥爷负责孩子生活,在一起相互配合";同时,她又在家族亲子教育中亲力亲为;同事交往中,她积极主动,体察怀孕教师的行动不便,走在一起时常会说"咱们一起走,我把你送回家",合作中她也会自己加班,多承担、多付出,同时又善于沟通、理解、彼此倾听、彼此欣赏,这"让身边的人感觉到温暖、不紧张、很安全,她的那种个人魅力,那种大气、包容、共情、理解,让很多老师愿意和她在一起",合作充满默契;作为管理者,观察到老师们做得不到位的地方,"会请老师们作为主场进行分享,但同时她会用幽默或者婉转的话语,让大家能够意识到既不要为集体添麻烦,同时也要自省,严格要求自己,热爱这个集

体,为这个集体负责任",她"像一个知心大姐姐一样,每次都可以给予一些合理的建议"。

夏夏老师被教师们认为"内心很强大,很坚韧",且对自己有一定的标准。在个人的工作中,她认为"孩子虽然很小,但需要学会本本分分地做事情,只要自己看到的地方就要帮助并引导孩子做得更完善";面对领导安排的大事,她"临危不乱,然后能够踏踏实实地坐在那里,静心地去思考,去总结、完善自己的课件……经常是一个人独自坐在班级睡眠室,默默地努力着,完成了班级工作以后,班员可以离开了,她再一遍一遍地反复去琢磨",因此有她参加的活动,会让人感觉到每次准备都特别充分。她在得到领导认可的同时,也特别善于理解领导的辛苦,观察到"他们都是在老师们离园后,很晚才离开单位"。考虑到回家后因有年幼的孩子而不能安心工作,而周末时间被孩子的各种活动占满,"我必须每天留下来,把该做的事情、需要我完成的事情、分内的事情,做完、做好,绝不留一丝遗憾"。正是她的共情、感受、深爱与设身处地为他人着想,使她赢得了充分的工作时间和机会,在良好的关系中不断实现自己的价值。她一直认为"因为大家都在帮我的忙,都在为我服务,因此我真的没有任何资格去抱怨,只能用努力工作来回报信任我的园领导、同班的战友们以及爱我的家人们"。

五、教学风格的形成——飞跃期

从 2018 年开始,幼儿园开始基于传统文化资源而建设园本课程。在参与高校合作的协同创新项目中,夏夏老师童年时已有的积淀以及基于民间资源开展主题活动的经验彰显出更大的价值。三年中,她利用二十四节气文化解读课程,利用课例分析中所学内容成功地完成了自我转化。她在小班、中班、大班持续的柿子树活动中创造了一种课程模式;同时,又从动物——小刺猬和植物——花出发,深入浅出地完成了传统文化与大自然元素有机整合的主题活动的构建。

小班重点以"说一说、想一想、做一做"的线索与小朋友一起邀请小刺猬、给刺猬取名、帮刺猬洗澡……在这个过程中注重生成性活动的开展，且从阶段性的活动中挖掘幼儿发展价值。在项目开展后，幼儿园搭建了资源分析的基本框架，即节气中所体现的自然现象、农业生产、饮食起居等内容，强调活动中文化价值的体现，并进行了课例的深度分析。在此基础上，夏夏老师根据幼儿的观察和兴趣，分别以"柿子"和"花"为切入点，在中班和大班开展持续性的探索；中班追求的是传统文化资源的有机嵌入，"适时地融入古典诗词，在情境中帮助孩子理解文化、文字的精妙"，而大班追求的是幼儿精神品质的自然形成，如对柿子树等幼儿园一草一木的热爱，教师自身所收获的是对自然环境的感受力、对动植物生命的关怀和自我意识的觉醒。

2021年"春花夏日季"的"又见花朝"主题活动的开展，具体体现了夏夏老师在主题活动设计、实施、总结中的努力与生命质量的提升。这次主题活动的构思源于2020年12月，夏夏老师两次向项目组寻求请教，对"盼霜降·寻柿记"和"柿子树生日快乐"进行系统分析，并开始设计2021年春季主题活动。她回忆了2020年春天幼儿在"花朝节"活动中的表现，并在项目课程中学习古代传统节日"花神节"，初步设计出"忆花朝、游花朝、花坛展、送鲜花"四个活动阶段；利用假期时间再次积极主动寻求项目组的支持——从初步设计的合理性判断到多次过程性资料的寻求，再到丰富资源的逐步调整，从系统的年初思考到年末课题研究成果的总结，她良好的沟通能力和深入的思考能力促成了假期中与项目组多次深入对话的持续展开，提升自己的同时也促使项目组捕捉到一线教师在主题设计中的瓶颈及突破的多种可能性。"良好的开端是成功的一半"，夏夏老师从来不打无准备之仗，总是对自己有严格的要求，包括计划详细的制订及活动结束后的自我反思，怀着对传统文化的兴趣和对幼儿教育的责任心，她在每个阶段持续努力，最终促成活动的有效实施，使"匠人的专注、坚持、创造及其对民族优秀文化的一种矢志不渝的，克服任何困难保护非物质文化遗产"的精神通过有形的活动而浸润到幼儿的心灵深处；而教师自身也在这个过程中得到滋养和成长。夏夏老师在与幼儿、教师、项目组专家深度互动中追求着系统性思考能力的逐步提升和生命的精彩，在她的世界中，对教育的热爱与生活完美地融合在一起，打破了时空的多重限制和人为的划定。2021年秋，她开始负责中班组的保教工作。

第三节　善于沟通的秋秋老师

一、因"坚持"而获得的"幸运"

秋秋老师的童年生活中父亲和教师扮演了重要角色。她两岁多上幼儿园，善于表达，乐于唱歌，因此而经常得到老师们的赞扬。因为她爱好音乐，父亲开始陪伴她学习扬琴。这个过程中，父亲对她要求比较严格，在小朋友们出去玩耍的时间，父亲通常都会要求她"再练习一遍"；反复练习使她得到了好成绩，顺利通过八级。尽管如此，她很少得到父亲的表扬。在她的记忆中，父亲也会带着她学习唱歌、游泳、英语，这些课外学习内容一直持续到初中（扬琴未中断）。初中，因为她善于表达，被选为班长，教师还经常到她家里辅导功课，融洽的师生关系使她学习更加努力。中考结束，秋秋老师在父亲的支持下转到教育质量比较高的城区高中就读，却发现自己难以适应新的教学模式，后来便返回到居住地附近的高中就读。为了顺利考取大学的音乐表演专业，她继续向高中教师学习扬琴，反复练习，克服临场没有伴奏的困难，最终取得好成绩，实现了自己的愿望。大学是秋秋老师人生的新开始。在这里她有幸参加了国庆六十周年天安门前的国歌演唱，同时参加了丰富的社会实践活动。期间，幼儿园的实践使她自主选择了幼儿园工作。为了弥补幼儿教育专业知识，她选择了能够提供蒙台梭利教育培训的幼儿园，开启了她的幼教生涯。

秋秋老师的主动表达、努力、自主选择使她在2013年进入新的发展阶段。这时，她在第一所幼儿园拥有了两年半的工作经历，渐渐地意识到了幼儿园教育理念的重要性，于是她开始选择一所具有"和合"办园理念的幼儿园,经过一系列的精心准备后,以自己擅长的音乐活动进行试讲并向面试教师准确表达了自己的期待——"成为一名阳光、积极进取的老师",结果当场就得到园长的肯定并被录取。紧接着的是与多位优秀骨干教师进行合作,作为班级成员与她们一起参加区级比赛,不断积累经验。非常幸运的是在转入新园的同时,秋秋老师迎来了婚姻生活,居住地恰好就在幼儿园附近。

二、生命成长中的"经验"和"教训"

正当秋秋老师在职业生活中努力前进时,却因突然生病而开始住院治疗,此时父亲也面临病退,当时她做了一个错误的决定:身体恢复后帮助父亲重新装修房子,为父亲提供干净整洁的居住环境。她出院后,当为自己的决定而努力时,恰好怀孕,结果却并不理想;自己的努力也并没有改变父亲的状态,身体和心理的双重打击使她经常焦虑,难以入睡。"我不知道我到底哪里做错了,因为我是怀着一颗很善良、孝顺的心去做这些事情,帮助我父亲改变家庭环境,而且我觉得我是有这个能力的,但是只是幸福来得太突然了,各种事情都拧在一起,我没有很好地去进行分配,导致了那样不好的结果。"经历两次手术后,坚强的秋秋老师很快便把全部精力投入工作中,勇敢地报名参加区级比赛,"我体验到了班长策划班级活动的艰辛,我就是想努力地证明虽然我家庭事务没有处理好,而且也导致了我身体上受到了重创,但是我会努力在工作中去弥补"。她的努力为自己迎来了外出学习的机会,在陌生环境的独处中,在与教师们友好的相处中,特别是在与园长谈心时,积极听取园长的建议,她逐步意识到,"这个时候需要放平心态,有些事情是可以通过努力去实现,可是有些事情是需要时间啊,现在要做的就是把自己照顾好,工作和家庭尽量平衡好就可以了。"

正是在和园长、同班教师亲切、平等的交谈中,秋秋老师意识到"有效的沟通是非常重要的,我发现不能想图一己之力去改变什么,而是要顺应自然去进行调整"。正是在这种关爱中，秋秋老师以良好的心态迎来了她视野的开阔和内心的宽敞明亮。学习结束，她便顺利地成为一名班长。"很幸运，园里对我是认可的、重视的。"当以平和的心态去努力时，她再次怀孕了。经历第一次的不顺后，园里给予充分的支持，而秋秋老师一方面调整好心态，另一方面也在继续努力。

> 在准备生产的那10个月里，我也没有停止学习，每天都会看一些励志的书和一些调整情绪情感的书，因为我感受到我的情绪是很容易波动的，虽然我情感非常丰富，但是有的时候过于敏感。在那段时间里，我努力让自己调适得非常平和，因为我知道只有这样才能对我的孩子好，就相当于一种胎教嘛；每天都会去看书，然后插花，我每周会给自己订一束鲜花，我觉得只要心情愉悦，孩子会很好，由于我父亲和我母亲住得离我有点远，然后父亲身体又不好，所以在整个孕期里面都是我自己来打理生活的。那个时候我的精神是非常富足的，我觉得我可以通过自己的能量让我的孩子健健康康地出生。我老公也是非常支持我的，周末经常会带我去散心，也让我不断地去调整啊。公公婆婆也经常问候，但是我觉得还是尽量彼此保持着空间感，会更好一些，更放松一些。
>
> ——摘自2020年10月9日访谈资料

三、作为"班长"的成长之路

秋秋老师认为生完孩子后"刷新了三观"，一是生孩子难但养育更难；二是意识到老人养育行为的不科学与不一致，但这却无法扭转；三是家园共育的新视角，经生活沉淀后更多的转变体现在班级建设和主题活动的设计中。

（一）班级建设能力的提升

2019年9月，秋秋老师开始担任中班班长，班中全部是半日制小班升为中班的幼儿，班组新、项目新、足球活动新，班级常规建立迫在眉睫，如何平衡和调适紧张的情绪成为秋秋老师面临的首要问题。这个时候，抱着对项目喜爱、希望深度参与研究的心态，她首先向项目组清晰地表明了自己的困惑；同时也取得了园长的理解和宝贵的建议，"不要什么事情都要尽善尽美，要有取舍，选择大于努力"。在外力支持下，秋秋老师意识到了自己的精力和能力所限，开始找班级成员谈心，彼此真正打开心门而共同为集体做贡献；通过"合唱"活动，大家的心"拧在一起"，借助疫情期间的线上活动梳理主题活动阶段图和五大领域资源图，在分工与合作中阶段性地展开教研活动。2020年9月，当把一年的思考和收获进行整合后，"兔儿爷"主题活动设计取得项目组和园级教研的深入指导，后又成功实施并赢得多方赞赏、不断研磨后最终发表，这使得幼儿、教师、家长之间的关系更加紧密。"班级合作渐入佳境"，身为班长的秋秋老师听取了项目组的建议，"思维要发散但更要聚焦"，她每天早晨布置工作，每天晚上放学后组织班员进行交流和反馈，晚上到家等孩子睡了以后，再思考下一步的主题推进，而这样的思维方式渐渐形成了一种习惯，这个过程就是主动改善自己思维方式的过程——提炼核心观点、突出活动重点、学习建立框架、逐步丰富认知。

秋秋老师清晰地认识到思维方式与情感表达之间的关系。"情感焦虑的前提是因为我没有把握，我不知道哪个先哪个后，坐下来将事情变成书面材料后，我才能知道原来我没思路与计划时，我就发脾气了。但是通过班级教师们对我的包容和我自己的反思，我发现原来因为我思考问题的逻辑不清楚，需要认真分析，冷静分工，合作做事；但是我的情感也帮助了我，我的情感是很真挚、很真诚、很热情的，所以她们会包容我，会给我时间，让我自己冷静下来，把事捋顺了以后再按排，她们认为不就是这点儿事。"同时，在经历挫折后，秋秋老师在不断地自我调适，更加有意识地顾及他人的感受。她的转变真实地传达给班级成员、家长和幼儿，彼此间相互理解、认同而又在行动中相互支持。教师对每个幼儿家庭处境的关注使家长更积极、主动地支持教师，教师之间的相互信任使得"工作成为精神上的一种满足"，幼儿对教师的体谅和关心赋予教师成就感。由此，秋秋老师带领班级成员形成了彼此认同的教育观并引领班级的教育行动，认为"这样的教育更持久，更有成就感，更有动力"。

秋秋老师的成长带来的是整个班级"质"的飞跃，而这是通过集体的学习达成的。通过对访谈资料的编码、贴标签和类属分析，秋秋老师班级的教师认为学习和成长是以信任和欣赏的情感为纽带，以精神品质的理解为核心，以广泛场域口资源的收集为重要环节，以扬长性的分工促成合作；这种学习既体现个性化的学习需求，更蕴含团队学习的层次性和整合性。简言之，班级中的学习是指来自不同生活场域的个体经由理念和情感的交流而形成一辆不断前行的"四轮车"。如表5.1、表5.2所示。

表5.1　秋秋老师班级日常生活中学习的初步分析（贴标签）[①]

序号	标签	序号	次级分类（一）	序号	次级分类（二）	序号	原文（部分关键语句）
1	学习特征	1	类别性	1	创造性		自主收集，有发挥的余地
				2	交流性		没有布置任务时自主收集，随时随地收集
		2	层次性				每个人先自查，再由班长查
		3	系统性				班长有责任调整，每个人再自我整合；学习是系统的，是一种习惯
		4	自主性与合作性	1	自查		实际中具体问题具体分析，合理分工，发挥长处

---

① 为了读者能直观地了解秋秋教师班级老师呈现的学习维度，把教师提及的要点归类后的内容呈现在第1列序号后面，第4、3列序号则标注每个维度的具体指标及个数。第5、6列是进一步地划分维度。为了便于读者直接看到分类依据而在最后呈现受访者原本的关键话语。

续表

序号	标签	序号	次级分类（一）	序号	次级分类（二）	序号	原文（部分关键语句）
				2	他查		
		5	价值引领				不甘心落后——我们就变成什么都认真干
		6	反复表达				线上交流网络图的层次、反复分享、倾听、交流每个人不同的需求
		7	情感性		理解原因		彼此信任、心往一处，没有分太多彼此
		8	审美性				看到很美就很满足
		9	开放性				击掌，没有怕超越，没有区分你我
2	学习工具	1	书籍				
		2	个人收集物				
3	学习媒介	1	口头语言	1	新旧教师间		
				2	交流与碰撞		
4	学习场域	1	家庭		广泛		
		2	公共场合				
5	学习过程	1	个人+班长+交流+互动				
		2	框架+个人+整合				先给框架，允许自己的想法，融入老师和自己、孩子的想法，立体，不局限
6	学习来源	1	个人需求				
		2	情感	1	信任、欣赏		
				2	团结		

续表

序号	标签	序号	次级分类（一）	序号	次级分类（二）	序号	原文（部分关键语句）
7	学习内容	1	理念				
		2	精神				
		3	任务				
8	学习结构	1	传承＋视角补充＋性格互补＋调整机制				
9	学习环境	1	宽松				
10	学习途径	1	线上读书会				
11	学习方式	1	思考	1	个人		
		2	书写	1	个人		
				2	班级		
		3	研究				
		4	制作视频				
11	学习主体	1	班长				
		2	班员	1	自主	1	收集
						2	选择
						3	创作
		3	新教师	1	被安排	1	接受
						2	方法
12	学习效果	1	幼儿感知	1	良好		
				2	信任		

表 5.2　秋秋老师班级生活中学习类属的确定①

序号	代码	序号	代码合并 1	类属
1	学习特征：系统、情感、领悟、创造性	1	1+3+5+6+7：学习特征：精神、情感、创造、信任	班级中来自不同生活场域的个体经由理念和情感的交流而形成一辆不断前行的"四轮"车——学习共同体 属性：不同场域（窄与广）、理念和情感（强弱）、团队（强弱）
2	学习工具与方式、媒介	2	4+8 学习环："四个点""四个轮"的车	
3	学习内容：理念、精神	3	学习方式：实物和资料收集、研究	
4	学习过程	4	学习场域与环境	
5	学习主体：创作			
6	学习来源：情感——信任、团结			
7	学习效果：幼儿信任			
8	学习结构			
9	学习场域与环境			

秋秋老师的班级管理方法与策略在成为年级组组长后充分展示并发挥了重要作用。如她自己经常分享的优势组合法（班内成员合作）、优势互补法（年级组内合作）、优势吸纳法（家园合作）、优势借鉴法（资源再利用）、优势拓展法（研究）。

（二）主题活动设计与实施能力的提升

秋秋老师班的发展是与主题活动的推进密切相连的，主题活动的设计和实施能力源于秋秋老师 2015 年所在班级的探索：根据孩子游戏的需要，提供

---

① 表 5.2 是根据表 5.1 及对教师学习个案资料的分析与整合而建立的。

充足并且不同层次的材料和各类型游戏的区域活动，使幼儿和教师都能乐在其中并进行探索性学习。这为由区域活动中幼儿的表现生成幼儿感兴趣的主题活动奠定了基础。2019年9月，秋秋老师再次返回教师岗位，首先开展的是"团团圆圆一家亲"主题活动。在学习课例、分析范例的基础上，她在第一阶段区分了幼儿视角和教师视角，即幼儿对中秋节和月饼的认识以及教师对中秋节蕴含的文化价值——团圆的理解；第二阶段，根据幼儿的问题——"五仁"引发讨论、操作；第三阶段，结合重阳节和幼儿园的秋月节活动，如"青花画坊"和"剪纸印染"活动使幼儿的前期经验——对团圆的理解得以表达。这三个阶段中，秋秋老师努力融入传统文化元素——团圆的精神价值及剪纸等表现形式，深入挖掘其中的价值——人与自然、人与人关系的建立，同时根据幼儿的兴趣和问题来推进。虽然各环节衔接不够自然，活动生成价值尚未充分彰显，却为2020年"我想有尊兔儿爷"主题活动奠定了基础。

2020年，受新冠疫情影响，幼儿入园已经是秋季，教师最大的心愿是幼儿的健康和平安，与此相关联的是"兔儿爷为百姓治病"的故事。秋秋老师首先对兔儿爷的形象特征、坐骑寓意、文化典故、传承人进行深入了解，对家园、社三方资源充分整合，确定好幼儿发展的领域目标和课程文化价值目标并预设整体方案，经项目合作者多次指导并修改——最关键的是思维方式的更新，同时在班级环境创设中"请进"形态各异的兔儿爷。活动在按照阶段预设——再"议"中秋往事、兔儿爷身份大调查、成为兔儿爷守护者进行的同时，随时迎接"意外"的发生——"美工区的兔儿爷碎了"、其余班级幼儿的好奇与喜爱，这样两条线索同时并进使兔儿爷成为幼儿园的"主角"，由此秋秋老师带领幼儿创编儿歌、游戏、向传承人学习制作兔儿爷、送出兔儿爷、为兔儿爷布展……将兔儿爷活动推向高潮，同时也把幼儿、教师、家长以及幼儿园紧密地联结在一起，助推幼儿学习品质发展的同时，也把兔儿爷承载的传统精神融入幼儿的成长中,实现了较高水平的师幼互动。秋秋老师在这个过程中获得了园内外的充分肯定,当班级获得更多荣誉时,其凝聚力和向心力极大增强。

2021年3月,秋秋老师依据幼儿对种植的愿望而大胆放弃已经预设的"风车"主题方案,开展了春夏相连贯的"我们的小花园——向日葵生长记"主题活动。这次,她勇敢地向自我挑战,广泛学习种植知识和技能,充分了解向日葵的形态特征、朝阳原因、生长环境、主要价值及文化内涵,同时与幼儿共同推进主题活动,从遇见春花到选择种植的花朵,从播种到移苗直至期待已久的开花,师幼共同探索与体验"翻土—播种—施肥—浇水—管理"。当生命遇见生命,当生活方式回归到农耕文明,二十四节气的文化内涵必定充分显现。秋秋老师史无前例地对自己和所在班级充满信心。"孩子们若想真正进入知识领域,需要拥有好奇、纯真,向世界敞开、刨根问底,乐在其中、专注,而教师需要不忘初心地创设环境并有持久的动力;在家长们的支持下,我们拥有了孩子们的丰富视角并能够相互启发。棒棒的我们!"不久,秋秋老师成为年级组组长,负责年级教研工作,她也借此开始了研究之路。

四、不同生活领域之间的融通

情感作为促成个体整体生活的重要桥梁,有助于家庭生活和职业生活力量的整合。幼儿教师的家庭关注一个人的整体发展,幼儿教师所在的幼儿园同样关心幼儿教师的基本生活、家庭生活和职业生活,因而也借助情感力量而促成教师各生活领域的统一。例如,四季花开幼儿园为郊区新教师提供良好的住宿条件,为教师特长的发挥提供各种平台;中秋节,幼儿园邀请新教师的家长入园与子女过团圆节。这些活动正是满足了一个家庭对子女职业成就感和幸福感的深度关切。秋秋老师也正是在这样的园所环境中感受到了家庭和幼儿园之间的相互助力。田野生活结束时，她的女儿已经顺利地开始了幼儿园生活。

秋秋老师常认为处于顺境中的春春老师有天赋，而自己是靠不断努力赢得一点点进步，而春春老师认为夏夏老师有一颗坚定的教育之心，她们在不同的追求中各自享受着来自教育的幸福。春春老师处于夏夏老师、冬冬老师班级中的发展状态实则源于两位教师不同的成长路程与管理风格，而这正体现了四位教师源自日常生活中各不相同的学习之路，与她们的家庭、学习历程、社会经验及不同层次的文化环境密切相关。

第六章

幼儿教师日常生活中学习的融通与自我修行

四位教师的生活史叙事过程中并没有刻意探讨幼儿园和社会环境对个体的影响，但个体身处其中，无时无刻不深受其影响。这也正凸显了四位教师在日常生活中学习的复杂性和情境性。其中既充满了个体与各级组织之间的张力，也体现了个体在成长过程中对自我的理解与探索、对自我教育力量的挖掘与展示，这也正是日常生活经验蕴含的学习与发展价值。

第一节　生活领域间的融通：多重空间的转化

根据日常生活的划分维度，幼儿教师对生活历史的讲述中，职业生活与家庭生活（包括求学生活）构成她们日常生活的核心场域，家庭与幼儿园成为他们生活的重要空间；公共生活和社会生活虽没有被更多凸显，但却隐含在不同的空间中。空间这一概念不仅具有物理意义，更赋予特定生活领域多重性，因而成为分析幼儿教师各生活领域学习的重要因素和隐性维度，是学习发生的地方，也是学习情境的基本构成元素。

一、家庭生活——日常生活中学习的根基

（一）婚前的日常生活——出生到工作

现代日常生活中，学校与家庭、工作与家庭的分界线越来越鲜明，家庭生活中的学习意义逐渐淡化。然而，家庭成员之间的互动中蕴含着个体学习的巨大空间，正是在这里，个体不断积累交往的经验，建立了对世界的认识方式，具备了通向更广阔生活领域的信心和能力。春春老师从出生开始，父母便以"健康第一""没有压力地成长"的一致理念而深刻影响她，并理性地看待学校教育的价值和意义，积极关注并采取行动来缓减她在学校的负面情绪和压力，同时以更科学的教育方式——"外出游览后将所见所闻记录下来"，提升她的写作能力，因而写作成为春春老师日常生活的重要组成部

分；对他人情绪情感体察的共情能力也促成她日常交往的基本态度与方式的形成。夏夏老师在家庭环境中获得《红楼梦》中丰富而有趣的人物肖像和服饰图、古物件，由此而开始喜欢历史和传统文化，提升了审美能力和鉴赏力，并显现出独有的文化气质。秋秋老师的童年生活中，父亲的鼓励是她所期待的，为此她很努力；努力并赢得他人的认可成为她各个生活阶段的根本动力。

即使个体步入幼儿园、中小学，家庭依然是重要的生活空间。四位教师记忆中美好的幼儿园生活既是家庭生活的延续，更扩展了家庭生活空间。对幼儿教师而言，幼儿园生活及对它的回忆、反思、评价显得更有学习意义。根据埃里克森的心理社会发展理论，幼儿园生活阶段是主动性情感产生与发展的关键阶段，与此相对的是内疚。儿童在新环境中尝试各种活动时获得成就感，这是社会性品格形成的初始阶段；同时也具备了学习的主动性、坚持性、目的性等基本品质。家庭空间和幼儿园这一更广阔的社会空间拓展了四位教师的心理社会空间，她们与家人、同伴、教师的相处促成了对自己的积极态度和美好生活的感受。她们共同认为幼儿园生活的幸福主要是内在丰富情感的形成和外在社会自我意识的初步建立，这在儿童解决问题、与他人合作并向他人学习方面发挥重要作用。

小学生活中，秋秋老师因为努力获得了赞赏和鼓励，而春春老师和夏夏老师虽然经历了各自不愉快的小学生活，但在家庭空间和家校联系中获得了一定程度的化解，春春老师的父亲不断地在对环境的亲身感受中提升她的写作能力，秋秋老师一直以"大气、大方"的母亲为榜样，母亲始终坚定地鼓励她，给她信任和力量，这使得她们并没有因环境而错过社会心理发展的关键期，即埃里克森认为的"勤奋—自卑"的发展阶段，她们依然可以通过学习而获得自己的进步，这也使得她们对初中乃至初中之后的选择显现出自己的主动性。春春老师借助初中生活教师对学习压力的判断而果断放弃多数人选择的高中生活，在父母亲的支持下选择了幼儿师范学校；夏夏老师和冬冬老师则因对幼儿的喜欢与实践感悟而选择幼儿师范学校，并使自己更加自信；秋秋老师在父亲和教师的共同帮助下持续学习扬琴，在教师的期待中和自己对大学生活的向往中，不断提升扬琴演奏技能而考取了大学的"音乐表演专业"。

幼儿师范学校或大学生活是四位教师自主生活展开的新阶段。春春老师在这里经历了各个层级的进阶——"一路升迁"，秋秋老师则满足了对文学的兴趣，参加戏剧表演，扮演贾宝玉等，深受同学认同，并显现出独有气质。秋秋老师更因参加了天安门前的国庆表演而开阔了眼界，通过丰富的社会实践活动而选定了幼儿教师作为自己的职业。需要特别提出的是，春春老师从幼儿园建立的对同伴的关注、小学对友谊的重视中彰显出积极的交往意识和共情能力，这为她幼师生活中人际交往和整体发展奠定了坚实基础，无论是"难以相处的同桌"和好朋友关系的经营，还是一次次迎接挑战，都使她能在自我定位和他人相处中保持良好的状态，尊重独立的自己，又不失对他人情绪的体察。更加难得的是，三年的生活中她坚持每天与父母电话沟通，这使得家庭的力量不停地助力于她的选择和判断，直至她成功应聘于四季花开幼儿园。夏夏老师则选择回到了自己曾经上过的幼儿园，后因园长的更替而"有幸"调入四季花开幼儿园；秋秋老师毕业后理性地选择了能接受蒙台梭利培训的幼儿园，后因对幼儿园理念的思考而选择了四季花开幼儿园。

（二）家庭生活的组建（婚姻生活）和生儿育女

家庭生活周期模型揭示了个体离开家庭、结为夫妻、生育孩子、孩子进入青春期、让孩子独立而自己进入中年期、自己进入中年晚期、自己进入晚年期七个阶段。[1]对于四位幼儿教师而言，经济上的独立意味着作为成年人而开始新的生活，通过发展同伴关系、建立亲密关系进而会逐步进入婚姻生

---

[1] 凯瑞. 积极心理学 [M]. 丁丹译, 北京：中国轻工业出版社, 2013：302-303.

活，通过夫妻之间的"彼此相倚"——彼此都是主动的互动者，经营家庭并相互支持各自的工作。关系作为家庭生活的核心使幼儿教师充分展开了家庭成员间的互动，经常性地面临两个拥有不同文化的大家庭。在这个过程中，家庭学习空间进一步扩展。尤为重要的是，生育与养育孩子使家庭成员间的互动更加频繁而深入，需要"调整夫妻系统，为孩子留出空间；在夫妻之间分配带孩子、挣钱和家务上的责任；重排与原生家庭的关系，将父母的教养角色和祖父母（外祖父母）的教养角色纳入其中；重排家庭与社区、社会的关系，以适应新的家庭结构"[1]。适应新生活本身蕴含着个体的主动性。夏夏老师的育儿生活中，"妈妈负责做饭，婆婆负责陪孩子玩耍，丈夫工作不是很忙，也常常带孩子，他们是我坚强的后盾"，这样一种有效的家庭互动模式与家庭成员之间良好、充分的表达、沟通有密切关系，夏夏老师在其中发挥了重要作用。秋秋老师结婚后，首先是以实际行动感恩父亲的培养之恩，结果受挫而严重影响到个人身体的健康，这恰恰使秋秋老师意识到家人相处中相互理解的重要性，并在夫妻关系、亲子关系中更能够相互体谅和接纳；养育子女的过程中，处理与长辈教养方式的不同问题时，更能够转化为家园共育工作的新思路。冬冬老师在访谈中不时提到在"养育子女后更加理解幼儿的分离焦虑，自己的性格也变得更加柔和"。由此看来，养育子女对幼儿教师具有特殊的意义：不仅使他们在面对需要充分合作而彼此信任的同事时互动更深入，更增强了他们对家长、幼儿的理解力，共情意识与能力不断提升，丰富个性品质的同时更加认同职业的社会意义。家庭中，幼儿教师作为一个完整的个体，在个性、态度、行为、品德、情感、个人生命历程的诸多方面与家人（包括孩子）展开深层次的交流，这给了她们更多的成长机会[2]，并把这样一种全方位的学习带入职业生活中，爱、温暖和亲密关系直接影响

---

[1] 凯瑞.积极心理学[M].丁丹译,北京：中国轻工业出版社,2013：302-303.
[2] 缪建东.家庭教育社会学[M].南京：南京师范大学出版社,1999：66-67.

到他们面临紧急任务时的应对机制①。

由此可见，对于个体的学习而言，无论是原生家庭还是成年后组建的新家庭，都为其提供了不断拓展性的空间和丰富的学习内容，在个体人生中发挥根本性的作用。

二、职业生活——个体学习与组织学习之间的转换

对幼儿教师而言，一周五天与幼儿的朝夕相处是他们生活的常态，正是在日复一日的工作中，他们不断观察幼儿、理解幼儿并支持幼儿的活动，积累丰富的实践性知识，在幼儿园这样一个多层级的组织中密切合作来获得集体的成就感，进而激发起个体持久的学习动力，并为职业生活的幸福而日日"操劳"。

（一）以幼儿为本而引发的学习

对每一位幼儿教师而言，专业发展的起点是"读懂幼儿"，以幼儿的发展作为一切教育活动的出发点，并为其提供适宜的活动和环境。这样，幼儿能够更加主动地参与活动，积极主动地建构生活经验，社会意识、道德规范、价值标准以及外部世界的经验逐步转化为个体的意识、情感、意志品质和行为。②幼儿在活动中展现出的情感态度、交往行为和性格特点反过来使教师对儿童及自己的教育行动充满信心和期待。春春老师活动设计和实施中的创造性起源于图书区两个月的观察与指导，利用"爸爸课堂"拓展区域活动功能，看到了全班幼儿的精彩展现。此后，她创造性地开展各项工作，"幼儿住宿""花草二维码"等为其他教师所效法；幼儿的表现和家长的认同使她的教育理念更加坚定，在探索中逐步形成"三年一贯"的教育设计和行动——小班着眼于亲密情感的建立、中大班重视与更多人的互动及学习能力

---

① 曾光，赵昱鲲. 幸福的科学［M］. 北京：人民邮电出版社，2018：107.
② 庞丽娟. 教师与儿童发展［M］. 北京：北京师范大学出版社，2001：124.

的发展;同时,她找到了人的成长中所具有的神奇力量——精神的塑造、思想的积淀、辩证思维品质的形成,而教育者尤其需要怀有"虔诚之心"。冬冬老师的活动创意和审美能力来自幼儿教育中对自我和幼儿的严格要求,而她对家长资源的充分挖掘使"我们、家长、孩子们,更亲密、更默契、更精彩";生育后,她对小班幼儿的分离焦虑更能感同身受,更加关注幼儿的情感体验,从身边小事物中培养孩子"爱"的情感和能力,为了能有更多时间带领幼儿深度探索而对"日常管理模式"和家长的教养方式持批判性态度。夏夏老师更加关注特殊幼儿,认为特殊幼儿需要受到教师更多的关注,而她的行动改变的是家长的教育心态;她的善解人意使班级幼儿在潜移默化中学会爱与被爱。秋秋老师对特殊家庭的孩子给予特殊的关爱,她即使无法扭转家庭的教育氛围,但也会为孩子努力营造班级中的轻松、温馨的氛围,鼓励幼儿学会克服家庭中的不良言语方式对自己的影响。四位教师正是以幼儿为本、从幼儿出发,充分感受到职业的成就感、对家庭乃至社会的深远意义,而良好的师幼互动和家园共育,使她们的教育信念更加坚定,行动更加积极而又充满创造性。

(二)组织关系中多重学习空间的个性化运用

1. 个人——组织知识转换

幼儿园是教师职业生活展开的重要场所,是幼儿教师共享的"组织"。班级是幼儿园组织的基本单位,在班级中幼儿教师之间需要密切合作,从这一基层单位开始,教师的工作便处于不同团队或各级组织之中。因此,幼儿教师职业的日常生活中既有个体性学习,更有个体在不同组织之间的学习,这里便会存在个体与组织学习之间的深层互动,通过互动实现知识的创建或转换。然而,根据田野研究的初步成果——教师去学习化的主要原因是内外时空不匹配,组织提供的学习时空却因幼儿教师所感受到的"时间紧迫、适应不断、书写繁多"而失去了应有价值,所以知识创建或转换的前提是个体——组织所开展的活动不仅仅是自上而下（由组织到个体）的知识传递，更需要凸显自下而上（由个体到组织）的知识内化和生成。这正是组织知识转换理论的核心思想——从个体知识到组织知识的转化,[①]即让个体创造的知识可利用、可获得，并放大个体知识的力量；同时，使其具体化，并与组织知识系统相联结。换句话说，组织知识的创建过程中，个体在生活和工作中获悉的知识对他们的同事有所裨益，最终使整个组织获益。这个过程包括知识社会化（共同经验和场域）、知识外部化（对话、反思、语言）、知识联结（整合、重新配置）、知识内化（做中学、实践反思）。[②]这一过程彰显了四季花开幼儿园中的四位教师在日常生活中的个体学习与组织学习间的相互关系。

四位教师在职业中的快速成长，首先在于班级这一拥有共同经验和场域的 3~4 位教师的团队学习，在这里实现了知识社会化和外部化。四位教师无论处于哪一个班级和哪一个发展阶段，班级间的合作与集体反思、对话都是日常所需，正是在这个过程中，个体实践性知识从缄默知识逐渐转变为显性知识，这也是促使四位教师发展的根本路径，例如春春老师、秋秋老师在与冬冬老师同一个班级中的"飞跃"性发展。而四位教师在不同学习团队，如"学习故事组"、"语言学习组"、教研组等的积极交流、展示，促使组织和个体都不同程度地实现了整合，即因"知识联结"而生成系统性知识，例如幼儿园基于四位教师所在班级的经典主题活动（经过与园外合作项目、园内教研组的反复研磨）而建立了"主题活动开展基本路径"、班长的课程领导力、班级管理策略等；与这一过程相伴随的是个体（包括四位教师）在做中学、实践反思中实现的知识内化，生成个性化的操作性知识，如春春老师为新教师主动承担的"学习故事"培训中提供的操作性知识。来自同事的认

[①] 王晓芳，侯舒豫. 组织学习视角下教师学习过程中知识的多层次转换——一项个案比较研究[J]. 全球教育展望，2019（9）.

[②] Nonaka I. Organizational Knowledge Creation Theory: Evolutionary Paths and Future Advances. *Organization Studies*, 2006（8）: 1179-1208.

同给予了四位教师信心以及职业幸福感、责任感，这就使得个人—组织转换学习螺旋式上升，促进了个体和组织的共同发展。

幼儿园组织也为个体间的非正式学习提供了弹性空间。班级间的自发合作、教师之间因彼此内心敞亮而使交往走向深入[1]。春春老师和慧慧老师成为读书伙伴，同时和秋秋老师不断讨论各自的教育理念、书写方式等，观点不同却又在彼此持续地相互影响中发生改变。正是嵌入教师生命和幼儿园整个组织的职业生活使幼儿教师在职业生活中具有主动学习的强烈动机和行动。

2. 学习时间和学习空间的个性化展开

列斐伏尔提出社会时间和社会空间。与社会时间相对的自然时间是有节奏的，是按日、按月计的定量的时间，而社会时间提供了一种线性时间，[2]这就改变了自然的节奏和循环。幼儿园作为组织为教师提供的学习机会是以社会时间来衡量的。园内外的培训遵循的是社会要求，而非在教师依据自然节奏安排的一日生活所需时间内展开，这与幼儿园空间密切相关。空间是辩证存在的，具有实践建构性、关系构成性、变化发展性与文化社会性等特征。[3]列斐伏尔认为空间的辩证法是在相互关联、同时发生的三个方面，即空间的实践、空间的表征与表征的空间中体现出来的，空间生成与建构的三个方面是同时发生的。通过这种辩证关系来把握"总体性"。幼儿园通过空间组合、空间设计与空间联系对幼儿教师的一日生活产生作用，这是教育空间的基础性要素。幼儿教师的教育实践作为一种文化活动，其本身生产文化空间，它不仅以独特的精神引领和塑造帮助幼儿身、心及社会性的健康发展，而且还参与到空间表征的意义建构中，赋予幼儿园教育空间以价值和意义。表征空

---

[1] 刘铁芳. 教育的生活意蕴[M]. 北京：人民出版社，2009：141.

[2] 列斐伏尔. 日常生活批判（三）[M]. 叶齐茂，倪晓晖译，北京：社会科学文献出版社，2017：649.

[3] 列斐伏尔. 日常生活批判（三）[M]. 叶齐茂，倪晓晖译，北京：社会科学文献出版社，2017：649.

间对行动的影响是教育空间构成的原始性力量,是认识教育实践中时间、空间与物质性相统一的关键所在。四位幼儿教师在幼儿生活所需的内在驱动下,不断以行动改变、完善乃至于重构已有的教育关系,生成新的教育关系,①由此生成新的教育空间。幼儿教师借助自身的实践活动使得空间的意义逐渐丰盈,意义性的纳入使得空间成了与人自身的命运密切相关的存在;他们通过在日常渐进的进程中规划和实践差异性的时间和空间,去建构和改变幼儿的生活。幼儿园学习的空间性也正是幼儿教师通过与社会、个人的相互调适和相互作用而逐步显现其自身力量来实现的,是建立在物理性、实践性空间的基础上的精神意义的空间建构,是个性化逐步展开的过程。

三、公共生活——个性的丰富中学习的拓展

家庭生活和职业生活是是社会个体必须参与实践的生活,在这个过程中,个体同样会在不同程度上参与公共生活。这是因为个体的人生活在大的社会当中,具备社会属性,与之对应的便是公共生活。在社会现实中,人们能体认和感受到个人生活和公共生活,它要求人们投入不同的情感、遵循不同的行事规则。②随着经济的发展和互联网技术的普遍应用,公共生活在日常生活中占有越来越重要的位置。在公共空间,公民通过协商、对话、公共道德、理性思考来追求公共利益和公共价值,而公共利益的实现也有助于私人利益的实现。③

幼儿教师首先面临的是幼儿园公共生活。幼儿园生活作为一种公共生活,主要是源于教育生活的基本原则——理解、指导、解放;为此,教师、幼儿、家长三类主体间通过对话、协商、互动、生成来共同建设公共平台。其中,首要的是教师需要尊重幼儿的兴趣、需要,引导幼儿自由探索并充分

---

① 王稳东.教育实践变革中的教育空间研究[D].西北师范大学博士学位论文,2019:82-84.
② 崔丽娜.良序的公共生活何以可能[M].北京:中国社会科学出版社,2019:16.
③ 崔丽娜.良序的公共生活何以可能[M].北京:中国社会科学出版社,2019:54.

表达，让幼儿置于公共生活之中去发现自己，看待自我在世界之中的位置，由此而启迪思考，孕育个人与他人和世界的积极联系。[①] 其次，教师需要以专业的精神引领家长志愿者参与幼儿园活动，以丰富资源的提供者来助力幼儿园教育，发挥家庭、幼儿园以及社会的整合性力量。再次，教师自身积极参与公共文化生活，提升自己的综合素养，进而以"文化"为载体来提升教育品质。最后，教师在实践中不断塑造个人的民主性格[②]，追求价值自觉。民主性格表现的是对所有教育参与力量的充分尊重和采用，价值自觉则是对公共生活中个人言行及公共事件中所体现的价值的反思，以提升对教育生活的判断力。春春老师在幼儿园公共生活中所追求的是对教育的本真理解和实践。她认为在教育中，"所有的敷衍、亵渎，最后都会自惭形秽，因而身为教育者的我们，无论是教师、家长或是参与到教育中哪怕细枝末节处的任何人，都需要用一颗虔诚的心来看待和对待它。那么最终，我们便会看到教育带来的真正的光芒"。她不仅以这样一种态度和精神面对幼儿每天的日常生活，更重要的是她以此来抵制"祛魅"的各种比赛，她公正地对待不被接受的李慧老师，主动承担对新教师的培训——唤醒新教师对自我力量的理解和充分发挥，并以中国人的温良之心来对待孩子、处理同事关系，同时在管理者的顶层设计和教师的实践之间提供了"一条藤"，积极向管理者传达一线教师的立场和观点，弥补"上"与"下"中间的断层，以"中间人"的身份完成自己的"责任"。这正体现了公共生活在连接个体生活和国家生活之间的巨大价值，或者说公共生活本身所蕴含的国家力量——中国幼儿教师在幼儿园这一生活场域积极承担公民对教育所负有的责任和义务。冬冬老师敏锐地发现了幼儿园公共生活中"孩子喜欢的东西我们并没有真正捕捉到，是走过场，不能深入了解习俗背后的文化内涵。展示的东西太多，做研究、学习

---

① 阿伦特.人的境况[M].王寅丽译，北京：人民出版社，2009：56.
② 刘铁芳.学校公共生活中的教师：教师作为公民实践的范型[J].教师教育研究，2013(03).

少"等现象，强调要停下来深刻反思，查找哪个环节出现了问题，主题的确定一定来自孩子认识中的矛盾冲突，通过解决问题，形成孩子们的想法是公共生活的核心。秋秋老师和春春老师共同具有坚定的教育之心，以争论、商讨的方式促成双方对真理的追求。夏夏老师以"和合"的传统精神，在幼儿、教师、项目组专家深度互动中追求系统性思考能力的逐步提升和生命的精彩，把对教育的热爱与优秀传统文化融合在一起，拓展了幼儿园公共生活的空间。幼儿园之外，每个幼儿教师经历不同的公共生活空间。四位教师运用网络技术不断拓展个人的公共生活。对于春春老师而言，微博、朋友圈是两个重要的公共生活平台。她的教育思想和家国情怀借助网络而影响到更多的人。

四、社会生活——个体社会化中的学习

四位教师日常生活中的成长是一个不断社会化的过程。家庭生活、职业生活、公共生活都以广阔的、随时代变迁的社会生活为基础。20世纪80年代末，随着市场经济的发展，以集体制所保证的收入"铁饭碗"逐渐被打破，国有企业为了提升竞争力也经历了重组和裁员。① 这直接影响到春春老师和秋秋老师父母的职业与生活态度。春春老师的母亲下岗后先后选择了不同的职业，秋秋老师的父母应对计划经济向市场经济的转型而体现出不同的能力和选择，这直接影响到家庭日常生活方式的转变。面对这种转变，春春老师的父亲因有稳定的职业而承担起更多的教育责任，而母亲则以对职业的态度、严谨计划的工作方式潜移默化地影响着春春老师；当家庭面临经济窘境时，她因入职较早而与父母共同面对。秋秋老师的父亲以被动的方式面对社会变革，因职业的不顺利转而承担起培养秋秋老师的全部责任，课余为她选择了"游泳""扬琴"等课外班，并且采取了严格的教养方式，这使得秋秋老师为了赢得父亲的认可而不断努力；因"扬琴持长"而实现了上大学的

---

① 崔丽娜. 良序的公共生活何以可能 [M]. 北京：中国社会科学出版社，2019：116.

愿望，而"努力"成为她学习和工作的习惯；在父亲需要照顾时，她除了自身的力量外，还积极争取社区力量的支持，"坚持、支持、加持"正是她做事的三原则。

幼儿园的发展与社会发展保持同样的脉搏。四季花开幼儿园不断追求园内资源和园外资源的互动，这也使更多的社会力量助力于教师的发展。在学前教育领域，高校项目资源的引进，为教师理论素养的提升提供了空间；茶艺、插花艺术、手工坊、服装表演、各大博物馆等各个社会活动空间的充分利用，使教师在各种文化浸润中拓宽了视野。在《关于实施中华优秀传统文化传承发展工程的意见》颁布后，幼儿园更加自觉地探索传统文化与课程的有机结合，更加自觉地探索传统文化融入幼儿园教育的方法和途径。幼儿园的教师、幼儿、家长成为优秀传统文化的传播者，因而促成了文化与社会的互动与整合。"优秀传统文化是一个国家、一个民族传承和发展的根本，如果丢掉了，就割断了精神命脉。"幼儿园文化的发展也是对社会历史发展的尊重。

社会各大技术平台的发展为幼儿园提供了丰富的社交互动平台。幼儿园教师借此也实现了资源的及时共享和联动。同时，借助微博、朋友圈、公众号平台等传播新理念、新思想等各种积极力量。春春老师在社交平台中以中国人的赤子之心、艺术的审美之态、理性的光芒展示着个体日常生活中的国家意识和力量、幼教精神和情怀。对于中国人刻在骨子里的浪漫和情谊用冬奥的精彩瞬间图片以充分展示；当中国女足获得亚洲杯冠军后，她第一时间在平台中呈现"如果奇迹有颜色，那一定是中国红"；她以饱满的情感深刻解读冬奥开幕式中"我们在一起"的思想，为其震撼——"有立意、有胸怀、有格局、有情怀、有高端、有细节、有温度、有未来"。春春老师在对社会最新动态关注和捕捉的同时，也以"行万里"的方式到各处游览博物馆，去了解城市的历史。正是借助社会的大空间，春春老师实现了公共生活、职业生活、家庭生活间的融合，进而也提升了学习和生活的品质。

第二节 日常生活中的自我觉醒与自我修养

日常生活中的学习源于空间的不断拓展和个体的逐步建构，深受家庭、幼儿园、公共平台、社会、文化背景中相互交织的各种力量的影响，同时，其中也充分彰显了个体在不同境遇中所展现的主体性——自我的理解和提升。

一、"自我"的形成

苏格拉底认为，"只有不懈地认真审视自己、审视别人、审视人类的生活方式，才能获得对人的洞察"，柏拉图提出，"一个人还不能认识他自己，就忙着研究一些和他不相干的东西，在我看来是十分可笑的"。哲学家视自我认识为人生之要事，是因为这里蕴含着自我与他人之关系，做人与做事的关系。正如曾子所言："君子博学而日三省乎己，则知明而行无过矣。"近代以来，"自我认知和情感"成为心理学研究的核心内容，而社会学和人类学则致力于研究影响自我的关键因素。在多学科研究成果基础上，解读四位教师的自我认识过程、在生活历史中逐步积淀的自我意识，将为进一步分析她们主体性的发展或学习动机的形成奠定坚实基础。

"自我是我们所持有的关于我们自己的信仰的集合"，这个集合包括社会自我——社会身份、专业自我——包括教师的自我形象、自尊、职业动机、知识与能力自我、对工作任务和未来前景（目标）的觉知、自我价值的总体感觉（包括我们对所做的没有明确意识的评价）等，彼此之间既相互区别，又有联系。① 自我的形成一方面包括自我主动的觉察、反思、认同、评价、自我期望等，另一方面来自他人的反馈、评价或社会比较及对所处文化环境的深刻影响，如文化期望。

自我的形成首先来源于家庭环境，特别是个体与父母之间的互动关系。父母给予子女积极的或消极的反馈，子女则把这些反馈纳入自己有意或无意的认知中。② 此后，个体便带着这些认知从周边生活中主动地、有选择地丰富自己的认知和行动方式，逐渐地产生自我认同，并通过同化和顺应两种方式继续收集和解释新信息；在此过程中，社会文化通过影响父母教养儿童的内容、态度、方式及家庭文化来间接影响子女的情感、认知乃至性格。由此可见，家庭对心理自我的形成发挥着首要的作用。个体心理冰山图中最深层的自我认识和情感的最初来源便是家庭。

随着个体进入幼儿园乃至中小学，教师、同伴对儿童的积极或消极态度，影响着他们的自我认知和情绪；同时，他们带领儿童逐步进入更广阔的生活世界，帮助儿童提升社会中与他人合作、向他人学习的能力，使自我认同更加稳定、自我调节能力也逐步提高。正是在学校教育阶段，个体的内在自我和社会自我逐步产生互动，并开始产生彼此之间的关联模式。这种关联模式的形成则源于后期的职业生活和个体家庭生活的重建。职业在个体社会生活中占据核心位置，个体的职业角色扮演、专业自我形象的提升乃至社会身份的逐步认同与职业有密切关系，然而，个体的职业态度、职业价值观、职业生活与其余生活领域的关系则与个体的自我判断和自我评价有密切关系，二者互动的不同模式影响着个体的职业体验和整体的幸福生活。

---

① 2022年11月与王呈祥教授的对话笔录。
② 布朗. 自我［M］. 陈浩莺译，北京：人民邮电出版社，2004：16.

第六章　幼儿教师日常生活中学习的融通与自我修行

四位教师在个体生活历史中展现出了自我形成的具体过程，同时通过她们的讲述可以发现她们是如何与社会环境和个体经历中的早期体验建立关联性的。对早期体验的回忆包括一种遮蔽性记忆，即日后发展的心智力量实际上是往事的新生，包含着一个创造性和构造性的过程[1]，回忆并重新组合往事及对往事的认识，进而整合到当前整体的思想中。春春老师的父母从她的出生到幼儿教师学校，乃至职业生活的选择，都给她一种积极、平等的反馈，这种反馈的力量来自他们自身的认识和重要朋友的观点与建议；同时，他们也积极主动地在交际圈中不断鼓励和赞赏春春老师，这对她建立积极的自我认同发挥了至关重要的作用。因为早期的自我认同的建立，她获得了幼儿园生活的快乐，即使面临小学的不愉快，她依然主动地对初中生活抱有期待，并建立起自己选择幼儿师范学校的自我判断能力。父母对她的期待是身体健康和基本规矩的养成，而不是优异的学习成绩和表现，这种家庭文化期待不同于当时的社会文化期待，但却因为家庭力量的强大而先入为主地影响了春春老师的自我期待——同学间的友谊带给自己的幸福体验，也影响了她与朋友的共处方式——既独立，与众不同，但又十分重视情感的交流。职业生活中，她的自我期待、自我提高意识发挥了更加重要的作用：从职初期的主动探索，发展期"高压力"下的坚持、主动迎接职业挑战到三年一贯的整体设计与行动，自我高期待引导着她逐步建立起一个受更多同事认可的与众不同、能力突出的教师形象。她以认知和情感层面的自我感知、自我反思来追问身为教育人所该持有的虔诚和纯粹品质，逐步形成专业自我，进而在幼儿园和学前教育领域发挥更大的价值——为新教师主动开展培训，搭建管理层和教师层之间的课程认知环节，在优秀园长培训中展示幼儿园的和合文化以及中国人温良之心在教育中的影响力，因此而实现社会自我。这是春春老师

---

[1]　卡西尔.人论[M].甘阳译，上海：生活·读书·新知三联书店，1988：23.

从心理自我到专业自我、社会自我关系互动的模式——自我认同在前,专业自我是中间环节,社会自我是结果,反过来又推动更坚定、更高层次的自我认同。夏夏老师在家庭中是长孙女,得到了大家庭充分的关注和爱护,而小学阶段因特殊的学校环境而被教师忽略,两者之间有巨大的反差,这深深地影响到她自我认同的建立。尽管她在幼师阶段得到了同伴和教师的认同,但这种来自他人的认同一方面源于她对他人情绪、情感的体察,另一方面源于自己早期成长环境中的积淀——独有气质和能力的形成,由此而反作用于自我认同。这种从他人认同到自我认同的互动过程是她职业生活中心理自我和社会自我互动模式的基础。她重视职业环境中的轻松与和谐氛围,为此而使同伴有空间发挥自己的专长;她同时注重管理层的评价和建议,为此而有目的、有计划地安排自己的工作节奏,并努力实现自己的预定目标。这样一种来自环境中的支持和认同力量,推动着她不断提升自我。由此看来,她在文学表现力方面的自我感知以及来自同伴的他人认同使她建立起专业自我,而领导层的支持和认可推动她不断追求社会自我的实现,与心理认同相比,社会自我在前,特殊领域的专业自我也先于心理自我。这根源于童年期经历环境的反差给她造成的心理创伤,源于小学特殊环境对她自我认知与评价带来的深层影响。冬冬老师与夏夏老师不同的是对于业绩的充分关注。业绩的获得是来自外在力量的专业认同,同时,由于业绩的认定来自社会管理机构和专家的权威判断,也是社会认同。简言之,业绩的获得表明了冬冬老师的专业积淀,这也促成了她社会自我的形成,进一步实现了幼儿园专业自我形象的建立。幼儿园与家长的关系中,她认为自己在家长心目中应有权威地位,这源于她对家长心态和身份的充分感知与理解,并借助不同的家长资源丰富班级教育力量,这源于她来自社会自我、专业自我所给予的深层力量。冬冬老师的专业自我是社会自我和心理自我的前提,后者反过来又进一步助力于她的专业能力发展。秋秋老师幼时渴求父亲的认可,上学阶段通过努力不断获得教师的认可；直到因固执地付出努力而受挫时，逐步从外在的认同中过渡到对自我心理感受的关注，因此也更加关注他人的情绪情感；然而，童年早期建立的他人认可模式经常压过她的自我感知与自我认同，她经常很在意领导的认可和同事的认可，她为此而建立自己的工作方式并付出更多的努力。她处于从社会自我、专业自我不断向心理自我转化的过程中。

四位教师在心理自我、专业自我、社会自我之间无论有怎样不同的互动模式，都充分地表现出了对自我的关注和理解，积极追求自我价值的实现，并关注对同伴群体的影响力。而这正是她们在现代日常生活中展示的主体性的巨大价值。

二、自我实现与组织的价值引领的互动

个体总是在组织或社会生活、各层次的文化环境中获得更大的自我认同。当前，在社会主义核心价值观引领下，修身、处事、爱国成为幼儿园最高层次的价值导向，构成幼儿园的文化底色。幼儿教师日常生活中的学习正是在这一特定文化背景中展开，体现为自我的不断完善与自我社会价值的实现。正是价值观念深刻影响着教师内在的学习动机。在四位教师的各个生活领域，幼儿园作为教师生活的核心组织，园长以"和合"价值观引领教师的学习，幼儿园与高校共同开展的协同创新项目注重提炼幼儿园和班级层面主题活动的精神价值，在此基础上逐步形成"以自然为根基、以文化为线索、以幼儿的和谐发展为目标"的课程理念。这里的价值不是指某物因人的需求而产生的价值，而是一种理想或精神。四季花开幼儿园的"和合"观作为中国传统文化中的核心价值观，体现的是中国人对美好生活或美好教育理想的追求，对现代人日益重视的幼儿教育品质的追问，因而对幼儿园的各项实践工作具有深刻的指导意义。四季花开幼儿园园长通过正式和非正式的途径不断传递"天人合一""和而不同、合作共赢"的价值观，这使得管理团队和

教师逐步在行动中发现并认同价值的力量，从而更自觉地规范自己的行为，同时也增强了个体价值判断的能力。春春老师正是在"和合文化带给孩子什么"的演讲中体现出师幼互动中心灵世界的彼此唤醒；夏夏老师在主题活动"盼霜降·寻柿记"的课例研修中体现出了鲜明的专业自我，引领幼儿在活动中形成对身边事物的热爱——对园内柿子树持久的情感寄托；冬冬老师在区级比赛中突出的表现和养育孩子后的自我转型使得她从"小我"逐步走向"大我"，更加关注身边教师的感受和组织整体的发展；秋秋老师从兔儿爷主题活动中完成了生育孩子后重大的转型与调适，在专家引领中通过书写方式的转变来主动调整思维方式，形成"和而不同"价值下的具体管理策略——优势互补、优势拓展等。

价值面向整个的生活。四季花开幼儿园的价值观不仅影响到教师的职业生活，同时也渗透到教师的其他生活领域中。在这个过程中，教师对价值的理解力不断提高，在各生活领域实现价值的同时也创造着更多的价值，如家庭和职业生活的和合价值、个人生活和公共生活的和合价值。正当而美好的价值逐步影响到生活中更多的人，因而改善着教师生活的整个生态。秋秋老师和冬冬老师在孕期得到园所的充分关注，因身体原因而获得更多的休息时间，学习转变为家庭生活中的日常活动，如秋秋老师参与线上读书会，而冬冬老师则通过生育和养育充分理解了家长的心态和幼儿的分离焦虑。夏夏老师在家庭中实现了"和合"，使四位老人在养育孩子中既分工明确又和谐相处，也使自己有更多的精力投入工作中；春春老师则主动地从奥运精神、中国女足精神中获取滋养，而这正是作为中国传统文化根基的和合观、家国天下观的价值最大化。

价值面向同一世界中的所有人。四季花开幼儿园幼儿教师追求共同的价值，在人际或代际之间对共同价值的不断传递，使更多的教师及其周围的人采取共同行动而争取共有价值的最大化实现，这个过程中也包含有对新教师的培养及为之提供的丰富的学习契机，凸显了日常生活中教师彼此之间相互学习和教育的力量。这也为四位教师在更大范围中彰显自己的价值提供了平台。春春老师主动承担工作岗位以外的任务、夏夏老师去新疆支教、冬冬老师在活动组织中积极调动全园资源、秋秋老师勇敢、积极地为项目组活动提供真知灼见，这使教师更有力量地与外部世界进行互动，更是人自身成为人的过程。价值决定了人能成为什么样的人，而这正是学习的本质。四季花开幼儿园幼儿教师正是在充满价值引领的日常生活中逐步实现自我的价值，并形成复杂而又丰富的自我理解。

三、从"小我"走向"大我"

日常生活中的个体需要处理人与自然、人与人、人与自我的三重关系。价值引领使得三重关系具有明确的价值导向，这个过程是促使人的理性精神逐步提升的过程，使得人美好地面对自我、认识自我、引领自我、管理自我，这是个体与世界建立美好关系的基础。四季花开幼儿园"和而不同"的价值追求促使教师理解并运用"自我"与"他人"的不同，特别是每个人的优势（长处），在班级和园级的合作过程中使"优势"的发挥获得更大空间，进而促成个体风格的形成。苏格拉底在面向日常生活时，提示人要认真地审视自己，反思自己的生活，进而认识人生的目的。"苏格拉底的原则就是：人必须从他自己去找到他的天职、他的目的、世界的最终目的、真理、自在自为的东西，必须通过他自己而达到真理。这就是复归于自己。"[①] 四位教师在努力的过程中形成了不同的风格，而这种独特风格正是对抗单一、程式化、无我化、被规训的日常生活的巨大力量。春春老师不断与自己展开心灵的对话，探寻充满力量的童心世界，给整个世界以"辩证"的眼光。她看到

---

① 金生鈜.无立场的教育学思维——关怀人间、人事、人心[J].华东师范大学学报（教育科学学报），2006（9）：1-10.

了人生中作为固定存在而绕不开的东西，而用"柔软"包容这些东西时，也发挥了这些"绕不开"所蕴含的价值①。冬冬老师则用专业的幼儿艺术精神与审美品质来与人心建立关联。"用易于感受的方式，不但诉之于理智，而且诉之于最普通的人的感官与感情。艺术就有这样一个特点，艺术是'又高级又通俗'的东西，把最高级内容传达给大众。"②当出自师幼合作之手的精致艺术作品带回家，"大众"——家长和更多的人便从中得到了教化的力量。夏夏老师外柔内刚，使得她在包容、和善、亲切地面对他人时展现了"文学"气质，她所开展活动的文艺之美无疑也是对抗异化的日常生活的一种力量。秋秋老师用积极沟通与"提炼关键词"的表达方式向身边的世界敞开自己，这样一种开放的心态和勇于挑战自己的情怀使她打破了固有界限，这实际上也是敞开日常生活之门，使新生力量不断融入其中，进而克服其局限性。每个人都有不同的人生，而人因观照自我、完善自我的过程中用独有的方式与世界交融时，必定会产生打破常规日常生活的力量，展示出人生的精彩和学习的真意。人也在此过程中初步完成了从"小我"走向"大我"的历程。

四、传统文化对人生的孕育与滋养

社会中的个体既受制于体制的影响，又是社会活动的重要推动者。当下的日常生活在社会经济快速发展和文化转型之中受到了强烈的冲击，教师的家庭生活、职业生活、公共生活无不受到影响。然而，作为知识分子的幼儿教师自觉传承优秀传统文化，以仁爱、和合精神等来建构日常关系无疑是克服现代日常生活异化的根本所在，有助于教师在生活中磨炼心性，回归学习和成长的本意，实现自己的个体价值和社会价值。

钱穆把文化等同于生命，认为生命可分为个人生命和大群生命；生命有

---

① 来自 2021 年 11 月与方麟教授对话所受的启发。
② 贺苗.非日常思维向日常思维转化机制探讨［J］.学术交流，2014（5）.

"小生命"——从外向里的取求供养,"大生命"——从里向外的贡献。他又认为小生命从人类大生命中生出,体现的是"共相",大生命由小生命而来,体现的是不同的个性——心。① 心即仁义之心。"仁"是传统文化的核心。"克己复礼为仁。一日克己复礼,天下归仁焉。为仁由己,而由人乎哉?"② 孔子告诫弟子仁德之心在于自己对言语和行为的自我克制,并要通过诗书礼乐来自我提升,视德为首位,通过修心养性来安身立命。同时,"反求诸己,从心所欲而不逾矩"。即从"修身"出发,在家庭中父慈子孝、夫妇有爱,与他人相处推己及人、追求忠恕之道、中和之道——做事恰到好处、顺应自然之性,这便是"己欲立而立人、己欲达而达人",以自身之调和、融解而达到齐家、治国、平天下。这个过程追求的是整体关联、动态平衡,"天有其时、地有其财、人有其治"——人参与到天地中间去治理万物,使万物有序,③ 从"小我"到"大我",实现家国一体。四位教师日常生活中的学习从家庭出发,"正心诚意",在与幼儿、同伴和谐关系的建立中而达到班级管理能力的提升,从对二十四节气、风筝、空竹等非物质文化遗产的理解和传承中,不断提升自身修养,在追求知行合一的过程中砥砺心性,由"小生命"而赢得"大生命"。而我国幼儿教师只有在继承传统文化的基础上才能拓展自我的生命、生活以及学习的空间,进而实现现代社会中有根的教育。同时传统文化中"上薄拜神教、下防拜物教"的理性精神有助于现代人克服日常生活的异化,使人类在情感和精神的相互关怀中过上更好的生活,这里蕴含着我国幼儿教师学习并提升自我修养的根本力量;传统艺术、哲学、文学等所滋养的个性、态度与价值观等理性精神对于抵制日常生活的异化显现出各不相同却又相互支撑的力量。由此,日常生活必将成就幼儿教师更有意义、更有品质的学习和人生。

---

① 钱穆.中国文化精神[M].北京:九州出版社,2017:6.
② 钱穆.论语新解[M].北京:生活·读书·新知三联书店,2005:10.
③ 楼宇烈.中国的品格[M].成都:四川人民出版社,2016:2.

结 语

　　这项研究对新时期幼儿教师的学习具有重要的意义。该研究始于对现代社会中日常生活的审视、反思和批判，探索日常生活的重建，从而回归学习的应有之义。在此基础上，以田野研究获得丰富的资料，并运用生活历史法探讨四位教师在各生活领域中的学习和成长，进而阐释幼儿园的学习空间和文化特点，彰显教师通过自我理解、认同、建构而不断追寻由"小我"到"大我"的生命意义，探寻中华民族优秀传统文化对于克服日常生活异化，回归日常生活中学习本意的巨大价值。对四位教师的生活历史进行分析的过程中，作为研究者也一直在不断审视自己，并以备忘录的形式做了记录，然而，由于分析尚待深入，未能有机地融于该研究中；实践场域中，特别是作为一个组织的幼儿园中，关系是错综复杂的，由此而形成的学习也是极为复杂的，教师的学习如何影响幼儿的学习是一项更为复杂但也更重要、更为根本的研究，这将作为今后持续探索的主题。同时，对教师自我及情绪的研究将在下一轮协同创新项目中深入而持久的进行。

参考文献

一、中文文献

（一）著作

［1］陈年达.哲学与文化［M］.北京：中国人民大学出版社，2016.

［2］陈向明.质的研究方法与社会科学研究［M］.北京：教育科学出版社，2000.

［3］崔丽娜.良序的公共生活何以可能［M］.北京：中国社会科学出版社，2019.

［4］耿涓涓.教育信念：一位初中女教师的叙事探究 中国教育：研究与评论，第二辑［M］北京：教育科学出版社，2002.

［5］季平，崔艳丽，涂元玲.理解自我［M］.北京：教育科学出版社，2014.

［6］姜利标.社会学家的肖像［M］.上海：上海人民出版社，2017.

［7］鞠玉翠.走近教师的生活世界——教师个人实践理论的叙事探究［M］.上海：复旦大学出版社，2014.

［8］刘铁芳.教育的生活意蕴［M］.北京：人民出版社，2009.

［9］刘晓东.儿童精神哲学［M］.南京：南京师范大学出版社，1999.

［10］刘旭东.教育的学术品格与教育理论创新［M］.北京：中国社会科学出版社，2017.

［11］楼宇烈.中国的品格［M］.成都：四川人民出版社，2016.

［12］刘儒德.学习心理学［M］.北京：高等教育出版社，2010.

［13］缪建东.家庭教育社会学［M］.南京：南京师范大学出版社，1999.

［14］庞丽娟.教师与儿童发展［M］.北京：北京师范大学出版社，2001.

［15］钱穆.中国文化精神［M］.北京：九州出版社，2017.

［16］尚志英.寻找家园——多维视野中的维特根斯坦语言哲学［M］.北京：人民出版社，1992.

［17］衣俊卿.现代话语日常生活批判［M］.北京：人民出版社，2005.

［18］赵汀阳.论可能生活［M］.北京：生活·读书·新知三联书店，1994.

［19］曾光，赵昱鲲.幸福的科学［M］.北京：人民邮电出版社，2018.

［20］徐改.成功职业女性的生涯发展与性别建构［M］.上海：上海社会科学院出版社，2008.

（二）期刊及学位论文

［1］陈国庆.后现代知识观与语文教育的生活化拓展［J］.江苏教育学院学报，2005.

［2］郭彩霞.日常生活的异化与公共生活的衰落［J］.中共福建省委党校学报，2018（4）.

［3］贺苗.非日常思维向日常思维转化机制探讨［J］.学术交流，2014（5）.

［4］胡啸天.重新理解学习：社会、技术与成人学习者［J］.远程教育杂志，2017（11）.

［5］黄治国.传统节日的现代性危机与日常生活批判［J］.文化遗产，2018（3）.

［6］金生鈜.无立场的教育学思维——关怀人间、人事、人心［J］.华东师范大学学报（教育科学版），2006（9）.

［7］刘铁芳.学校公共生活中的教师：教师作为公民实践的范型［J］.教师教育研究，2013（3）.

［8］刘旭东.人工智能时代生命进化的教育思考［J］.西北师大学报（社会科学版），2021（4）.

［9］乔建.试说费孝通的历史功能论［J］.中央民族大学学报（哲学社会科学版），2007（1）.

［10］桑国元.教师作为学习者：教师学习研究的进展与趋势［J］.首都师范大学学报（社会科学版），2017（1）.

［11］严运锦，赵明仁.教师学习的内在机制解析［J］.教育理论与实践，2017（4）.

［12］杨瑞芬.幼儿园乡土课程文化：内涵、形成、发展——基于A园的田野研究化［J］.当代教育与文化，2019（1）.

［13］严碧芳.陈鹤琴幼儿教师学习思想探略［J］.儿童发展研究，2011（3）.

［14］钟启泉.从学习科学看"有效学习"的本质与课题［J］.全球教育展望，2019（1）.

［15］钟祖荣.教师学习：概念、理论、话题与研究趋势［J］.中国教师，2019（2）.

［16］王晓芳，侯舒藤.组织学习视角下教师学习过程中知识的多层次转换——一项个案比较研究［J］.全球教育展望，2019（9）.

［17］吴振东.略论幼儿教师学习的基本特征及其价值［J］.天津师范大学学报（基础教育版），2007（3）.

［18］李晶晶.赫勒人道主义的马克思主义思想研究［D］.吉林大学学位

论文，2021.

[19] 陈学金. 教育人类学学科建立与发展 [D]. 中央民族大学博士学位论文，2014.

[20] 李峻. 教师个体知识的叙事研究 [D]. 西北师范大学硕士论文，2005.

[21] 李晓阳. 教师经验及其生成 [D]. 华中科技大学博士论文，2009.

[22] 沈芳雁. 幼儿教师学习研究——期待与现状 [D]. 南京师范大学硕士论文，2012.

[23] 王稳东. 教育实践变革中的教育空间研究 [D]. 西北师范大学博士学位论文，2019.

二、译著及外文文献

（一）著作

[1] 凯瑞. 积极心理学 [M]. 丁丹译，北京：中国轻工业出版社，2019.

[2] 罗斯诺. 后现代主义与社会科学 [M]. 张国靖译，上海：上海译文出版社，1998.

[3] 列斐伏尔. 日常生活批判（一）（二）（三）[M]. 叶齐茂，倪晓晖译，北京：社会科学文献出版社，2017.

[4] 柏格森. 创造进化论 [M]. 高秀娟译，北京：北京时代华文书局，2004.

[5] 哈贝马斯. 哈贝马斯精粹 [M]. 曹卫东选译，南京：南京大学出版社，2004.

[6] 马尔库塞. 单向度的人 [M]. 刘继译，上海：上海译文出版社，2014.

[7] 阿伦特. 人的境况 [M]. 王寅丽译，北京：人民出版社，2009.

[8] 胡塞尔.经验与判断[M].邓晓芒,张廷国译,北京:三联书店,1999.

[9] 伽达默尔赞美理论[M].夏镇平译,北京:三联书店,1988.

[10] 雅斯贝尔斯.现时代的人[M].周晓亮,宋祖良译,北京:社会科学文献出版社,1992.

[11] 雅斯贝尔斯.什么是教育[M].邹进译,北京:生活·读书·新知三联书店,1991.

[12] 卡西尔.人论[M].甘阳译,上海:生活·读书·新知三联书店,1988.

[13] 福柯.规训与惩罚[M].刘北成,杨远婴译,北京:生活·读书·新知三联书店,1999.

[14] 诺丁斯.幸福与教育[M].龙宝新译,北京:教育科学出版社,2009.

[15] 布朗.自我[M].陈浩莺译,人民邮电出版社,2004.

[16] 贝克.风险社会[M].何博闻译,南京:译林出版社,2004.

（二）期刊

[1] Edwards R. Actor-network theory in education[M].Routledge,2010.

[2] Olesen and Rasmussen.Theoretical issues in Adult Education[M].Roskilde:Roskilde University,1996.

[3] Olesen. Adult Education and Labour Market III[M].Roskilde:Roskilde University,1996.

[4] Weber. Life History and Experience[M].Roskilde:Roskilde University,1997.

[5] Nonaka I. Organizational Knowledge Creation Theory:Evolutionary Paths and Future Advances[J].Organization Studies,2006(8).

后 记

"日常生活"中既有柴米油盐酱醋茶,亦有无事时的闲聊和忙碌时的四处奔波。正是在这里,人,始于解决生存问题到最终领悟与获得生活意义;虽然有时会经历遭遇困难时的苦楚,但终究不放弃对更美好生活的向往和追求——"日子会一天比一天好"。在父母对生活的领悟与对子女的教养中,我从自认为"优质"的早期教育中一步步走到满足于当下生活的"不惑之年"。"满足"是因为小学三年级从妈妈准备的黑板和"好好学习、天天向上"的美术字体中萌发了"成为一名教师"的理想,如今不仅实现了这一愿望,而且为了做一名更好的教师而成为一名教育研究者——关注教师的专业发展,更关注教师整个的生活。细细算来,探究教师日常生活中的苦与乐已有十七年。

2005年开始的西北师范大学生活使我在品读生活的宁静、专注、互助与有力引领中,把教育的目光锁定在小学教师"备课"中的日常生活,完成了"丰富生活:教师备课的新境界"的研究;此后,大学教学和研究生活中充满了与学生的讨论、切磋以及"读万卷书,行万里路"的自在探索,砚湖、耤河旁边,麦积山、仙人崖脚下……常常留下我们的身影;期待在这样的生活中深入探讨教育与生活的密切关系,使之铭刻于未来教师的心灵深处。

2012年带着对师院生活的留恋以及中央民族大学导师的嘱托,开启了对哈萨克族民间生活的田野研究,2014年1月—2015年5月借助丹麦八个月的学习生活完成了文献资料的整理与分析,第一次借助"日常生活中的学习"理论与生活历史法由此而较顺利地完成《哈萨克族民间教育思想研究》;2015年8月,步入北京教育学院的第一天便融入了幼儿园教师群体中,特别是2017年之后,深入四季花开幼儿园教师的田野生活,使我透过表层的生活事件而走进教师的心灵深处,体察她们的温情与担忧,分享她们的兴奋与激情,直至非正式访谈中一次次推心置腹的对话,"我中有你、你中有我",这一时期当是人生中又一段难忘的旅程。呈现于书中的文字虽不及当时"在一起"的生活那么丰富、美好,却也能将弥足珍贵的生活历程进行保留和分享,当作对我们多年友谊的珍藏与纪念。

然而,对教师的"日常生活"的理性解读却需要对中西方相关理论的持续学习与研究。胡塞尔、海德格尔、舒茨、福柯、列斐伏尔、赫勒、阿伦特……对于他们深邃的思想,尽可能地在反复的阅读与理解中接近真意,求得对日常生活多层面、多维度的批判性理解;同时,借助梁漱溟、熊十力、冯友兰、钱穆等对中国哲学和文化的解读,反复思考和体验作为知识分子的教师对优秀传统文化的传承与发展。理论学习本身是无止境的,对理论的转化与运用同样也是处于本土化的、时代性的不断解释、反复尝试与验证之中。

"一百个教师有一百个人生智慧",当把理论的解释力和教师实践的鲜活性相融合的时候,"日常生活"的僵化、反复、单调被"打破"了,取而代之的是旺盛的生命力和创造力。我们正是循着幼儿教师成长的轨迹,找到了这种力量;我们从教师在家庭生活、职业生活、公共生活、社会生活的相互支持与转化中体验到这种力量的巨大价值;从幼儿教师对自己的认识、理解、调整和定位中,从她们心理自我、社会自我和专业自我的相互转化中探索力量何以产生、何以表现。这个转化的过程正是幼儿教师以整个的生活为背景而展开的学习。在幼儿教师的日常生活中,在幼儿园每日"操劳"中,琐碎的日常事务、急迫的事件处理、习俗与创造性地工作,哪怕是一时的困顿与挫折……其中自有精彩和意义。在这里,教师经历着不同生活领域的相互融合、转化,因此在面对幼儿时更加具有同理心和共情能力。"共情"是教师、是为人父母的首要能力;当我们怀着体谅之心、包容之心倾听学生、理解孩子时,未来的一代才有可能以关怀之心善待身边的一草一木,理解亲人与师长,乃至整个的世界,使"仁爱"之心代代相传。同时,幼儿教师也能够更加主动地提升对话能力、积淀人生智慧,融入身边更多人的精彩世界,在"和"的氛围中形成"合力",完成众人之事。

当为这本书画上句号的时候,有一些忐忑,但更多的是对进一步研究的期待:研究中的四位教师今后的职业生涯如何,她们将如何更好地助力于幼儿的学习和生活,四季花开幼儿园将如何更好地支持教师们生活领域的融通?我更期待我们的友谊长存。我将带着对四季花开幼儿园园长和每一位教师的感恩之心踏上新的征程。

感谢我的两位导师——刘旭东教授和吴明海教授对学生一直以来的鼓励与指导,这为我的教育研究之路提供不竭的动力和思想支撑;感谢北京教育学院科研处提供的学习和研究平台,在这里我能够安心于我的探索而无后顾之忧;感谢学前教育学院的每一位老师,成为我每一阶段的合作伙伴,感谢海淀教师进修学校张瑞芳老师,每次做为第一次读者而提供宝贵的修改建议;感谢学苑出版社任彦霞老师,认真地字斟句酌,多次提出宝贵的修改和完善建议,每次的探讨中都能激发出思维的火花;感谢我的家人、朋友……在你们的大力支持下,此书才能如期出版。一份份美好的情谊必将化为我持续努力的动力——道法自然、师法先贤、保持童心、去除蒙蔽、坚守初心。

杨瑞芬

2022年3月19日